A (R)EVOLUÇÃO DO BRANDING

CARO(A) LEITOR(A),
Queremos saber sua
opinião sobre nossos livros.
Após a leitura, siga-nos no
linkedin.com/company/editora-gente,
no TikTok **@editoragente** e no
Instagram **@editoragente** e visite-nos
no site **www.editoragente.com.br**.
Cadastre-se e contribua com
sugestões, críticas ou elogios.

ANA COUTO

A (R)EVOLUÇÃO DO BRANDING

Gente
editora

Diretora
Rosely Boschini

Gerente Editorial Sênior
Rosângela de Araujo Pinheiro Barbosa

Editora Júnior
Natália Domene Alcaide

Assistente Editorial
Fernanda Costa

Produção Gráfica
Fábio Esteves

Edição de texto
Simone Ruiz
Paula Cardoso
Julian F. Guimarães

Preparação
Gleice Couto

Capa e Projeto Gráfico
Rafael Torres
Igor Oliveira
(Agência Ana Couto)

Fotografia de capa
Thiago Bruno

Adaptação de Projeto Gráfico e Diagramação
Plinio Ricca

Revisão
Wélida Muniz

Impressão
Gráfica Terrapack

Copyright © 2023 by Ana Couto
Todos os direitos desta edição
são reservados à Editora Gente.
Rua Natingui, 379 – Vila Madalena
São Paulo, SP – CEP 05443-000
Telefone: (11) 3670-2500
Site: www.editoragente.com.br
E-mail: gente@editoragente.com.br

Dados Internacionais de Catalogação na Publicação (CIP)
Angélica Ilacqua CRB-8/7057

Couto, Ana
  A (r)evolução do branding / Ana Couto. – São Paulo : Editora Gente, 2023.
  176 p. [+ 16 p.]

  ISBN 978-65-5544-400-1

  1. Negócios 2. Marketing I. Título

23-5601
CDD 658.8

Índice para catálogo sistemático:
1. Negócios

Este livro foi impresso pela Gráfica Terrapack em papel pólen bold 70g/m³ e em couchê 90g/m³ em fevereiro de 2024.

Nota da publisher

No atual contexto dos negócios, o que determina o sucesso ou fracasso de uma empresa não são os seus produtos e serviços. Estes são facilmente copiáveis por qualquer concorrente. Afinal, a informação e a tecnologia estão disponíveis para todos, e entregar boas soluções para o mercado é o mínimo que todos nós precisamos fazer. Hoje, o sucesso ou o fracasso dos negócios é determinado por sua reputação, pelo vínculo que constrói com as pessoas e o impacto relevante que promovem.

Há uma nova visão fundamental e que Ana Couto apresenta magistralmente neste livro: **é preciso construir uma estratégia baseada em gestão de valor**, que alinha o que a marca é, o que faz e como fala.

Nos últimos trinta anos, Ana Couto construiu e lapidou uma metodologia que constrói diferenciação, permitindo que as organizações saiam do paradigma do marketing tradicional e cresçam a partir do que ela chamou de as três ondas do branding. É uma nova estratégia de negócio que impulsiona a diferenciação dos produtos e serviços ao mesmo tempo em que promove identificação com a marca e, acima de tudo, privilegia seu propósito. Tudo isso para que, nas palavras da autora, as organizações coloquem seu talento à disposição do mundo.

A (r)evolução do branding apresenta anos de pesquisa e desenvolvimento do caminho responsável por transformar empresas comuns em marcas icônicas. Este livro é a declaração de um sonho ao qual você, caro leitor, é também convidado a tomar sua posição para torná-lo realidade: elevar marcas brasileiras ao patamar das maiores marcas do mundo.

Comece essa revolução a partir do seu negócio!

ROSELY BOSCHINI
CEO e publisher da Editora Gente

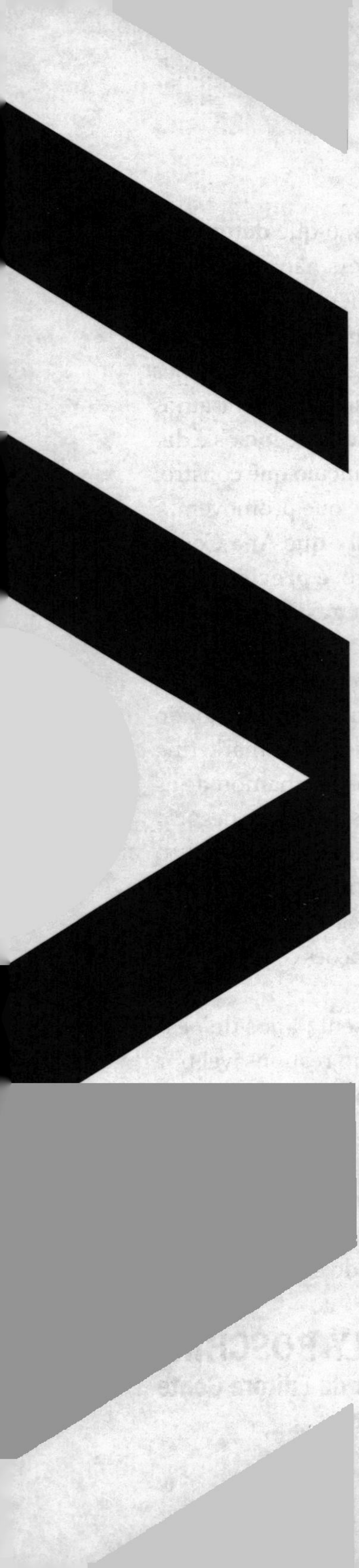

Aos meus pais, que
me deram energia e amor.
Ao Pedro, ao Bernardo e
à Julia, que engrandecem
e alimentam minha jornada.

Agradecimentos

Agradecer é demonstrativo de gratidão, de reconhecer que muitas pessoas fazem parte deste livro. Primeiramente, gostaria de agradecer a um grupo de pessoas extremamente talentosas que me acompanham no desenvolvimento de trabalhos criativos e métodos eficazes. Minha crença nas relações e no time AC sempre foi a base das minhas conquistas ao lado de talentos como de Danilo Cid, companheiro desde os primórdios e um designer incrível; da expert Fernanda Galluzzi, que veio expandir nossa oferta para execução de comunicação; da parceira Aline Rubiano, com sua experiência que nos possibilita nossa sustentabilidade para crescer; de Hugo Eletrio, com sua expertise no design de serviço e experiência; Napoleon Fujisawa, pela ética no trabalho e compromisso com excelência; Erika Pinheiro, nossa sócia de muitos anos que estrutura e faz acontecer com maestria; Igor Cardoso, pela energia criativa e analítica, James que tem a genialidade dos dados e visão do todo; Rafael Torres, com seu talento de fazer tudo belo e pelo lindo projeto gráfico deste livro; Marcelle, que entende das mídias, dados e métricas como ninguém; Luiz Felippe, que tem garra e foco para trazer clientes para casa; e todo o time de talentos que está com a gente, porque sabemos que nosso coração bate junto pelo mesmo propósito de fazer acontecer mais valor. Gostaria de agradecer a leitura atenta e minuciosa dos sócios e da Lais Cobra, que por doze anos esteve nesse barco, e continua sempre por perto.

Queria agradecer aos nossos Advisors que nos dão o norte, a energia e estimulam a nossa capacidade crítica para continuar evoluindo. Meu muito obrigada pela colaboração e troca com Ana Paula Bogus, Marcio Uscth, Marco Dalpozzo; e ao grupo de hoje Fernando Chaccon, Diego Barreto, André Shinohara e a Maria Silvia Bastos Marques.

Maria Silvia, que me acompanha e me inspira na sua jornada de mulher pioneira em tantos desafios profissionais. Obrigada pela amizade e estímulo para contribuir sempre de maneira tão propositiva com nosso Brasil.

Especial gratidão a todos os clientes que nessa jornada nos deram a honra e confiança de trabalharmos nos desafios dos seus negócios. Durante esses trinta anos, aprendi muito em relacionamentos imensamente engrandecedores com executivos e profissionais. Posso afirmar que esses líderes carregam a responsabilidade de desenvolver empresas para fazermos um país melhor. De certa forma, todos esses aprendizados me inspiraram a escrever este livro que espero que possa servir às próximas gerações.

Esse livro não seria possível sem o árduo trabalho de texto de Julian F. Guimarães, Simone Ruiz, uma editora de mão cheia, Paula Cardoso, que transborda conteúdo e inspiração. Obrigada à Editora Gente e à Natália Domene por ser uma superparceira.

Obrigada a minha família, essa, sim, base e ponto de partida para tudo o que conquistei. Ao Pedro, meu grande companheiro dessa jornada, por sua estabilidade e apoio integral. Não conseguiria ter uma vida de empreendedora, empresária e mãe sem a sua parceria.

Obrigada aos meus filhos Bernardo e Julia, minha grande fonte de amor, energia e renovação. Ser mãe é parte estruturante da minha vida e me alimenta em todas as dimensões.

Obrigada aos meus pais. Deles aprendi e evolui sempre com base forte de valores. Do meu pai, Paulo, trago a energia empreendedora e artística. Ele é um projeto criativo em constante movimento que passa das esculturas a peças de teatro. E quero agradecer a minha mãe, Luiza, por me apresentar a paixão pelos livros, exercitando minha mente analítica e o olhar empático. Incorporei para minha vida o seu mantra: "Tenha olhos de abelhas, e não de mosca". As abelhas pousam nas flores e fazem o mel. Polinizar é o verbo que procuro exercitar diariamente.

Sumário

	Prefácio	**12**
	Introdução	**18**
1	Os desafios da construção de valor	**28**
2	A história do branding e a evolução do capitalismo no século XXI	**46**
3	Como o Brasil pode usufruir do "branding Brasil"?	**70**
4	A construção do branding	**90**
5	Quando é hora de um rebranding?	**110**
6	Como criar valor nas dimensões do branding: propósito, marca, negócio e comunicação	**134**
7	Gerir valor é surfar as ondas de produto, pessoas e propósito	**150**
	Epílogo: vai e faz	**164**

Prefácio

Estratégia sem branding é plano de negócios. Branding sem estratégia é marketing. Durante a leitura do livro de Ana Couto, lembrei-me, com saudade, do professor de estratégia da Alfred Sloan Management School do MIT, Arnoldo Hax.[1] Ele foi nosso consultor nos desafiadores anos pós-privatização da CSN, e muitos dos seus conceitos inovadores, que foram divisores de água para a companhia, estão presentes no livro de Ana Couto. Hax chacoalhou a CSN, ao nos perguntar qual era o produto que fazíamos. Ora, como fazer essa pergunta a uma vetusta e icônica siderúrgica? Claro que produzíamos aço! Chocados com sua negativa, fomos absorvendo a ideia de que produzíamos automóveis, embalagens, produtos para a linha branca e a construção civil. Com uma simples e inusitada pergunta, ele nos fez ver quão raso era nosso conhecimento sobre nossos clientes e seus mercados, nossos concorrentes e benchmarks. Mostrou-nos a importância de desenhar uma proposta de valor abrangente e inovadora, que fidelizasse nossos clientes e impedisse que nossos produtos se tornassem commodities, sem diferencial de valor. Seus ensinamentos foram preciosos para mim pela vida toda.

Em seu livro, com uma narrativa fluída e direta, Ana Couto nos ensina que as organizações precisam atuar de maneira intencional e estratégica em relação à gestão de sua marca e do valor de seu negócio. O ciclo se inicia com uma reflexão de autoconhecimento ("colocar o negócio no divã") e de escuta das percepções dos diferentes públicos de interesse da companhia, utilizando uma metodologia desenvolvida pela Agência Ana Couto (AC), o Valometry. Com base nesses inputs, e em conjunto com a equipe do cliente, são identificados os diferenciais de seu produto/serviço, os aspectos que o conectam às pessoas e as nuances do propósito da organização. Definidas as métricas e os planos de ação, seu acompanhamento e a gestão contínua do processo de valor são feitos por uma ferramenta

---

1 HAX, A. C. **The delta model:** reiventing your business strategy. New York: Springer, 2010.

própria da AC, o Branding Score Value (BVS), baseado na técnica de NPS, usada para medir a satisfação do consumidor.

Para atingir o objetivo de criar uma identidade única para a organização, que reflita seus valores e crenças, realce seus diferenciais em relação aos concorrentes e fidelize seus clientes, é preciso integrar a estratégia de marca com a visão de negócio e a comunicação. Sem negligenciar o fato de que o espaço concorrencial está inserido em um ambiente em constante (r)evolução, com múltiplos desafios trazidos pela digitalização, redes sociais e inteligência artificial, em especial as demandas para que as organizações se posicionem quanto a temas relevantes para a sociedade e tenham o propósito de impactar positivamente a coletividade.

É crucial, também, que a estratégia de branding esteja permeada no dia a dia da organização e em todos os níveis da hierarquia. Ilustra bem esse ponto o ótimo caso narrado pela autora sobre a visita do presidente John Kennedy à Nasa, durante a preparação da missão espacial à lua. Ao perguntar a um funcionário que varria o chão sobre o seu trabalho, ele ouviu como resposta: "Estou levando o homem à lua". Vivi experiência parecida visitando hospitais da rede Sarah com sua presidente, dra. Lucia Willadino Braga. Encantada com o atendimento dos funcionários e a limpeza impecável das instalações, perguntei a ela como conseguiam manter um padrão tão elevado em uma organização pública. A resposta foi inspiradora – ela mesma faz o treinamento das equipes prestadoras de serviços e os ensina que, na Rede Sarah, eles não prestam serviços de limpeza ou de outra natureza, eles reabilitam pessoas, cuidam da saúde dos pacientes. Portanto, todos são elos da mesma cadeia para atingir um propósito de tanto impacto social.

Fiquei muito feliz com o convite para fazer o prefácio deste livro, que conta a trajetória de uma companhia inovadora e seu comprometimento em prover inteligência e metodologia para que as organizações possam gerar mais impacto e mais valor, sendo, em consequência, mais resilientes e duradouras. Ana tem uma formação tão holística quanto a proposta de valor que a agência entrega a seus clientes. É formada em Design, estudou Antropologia (não sabia, mas sempre notei seu olhar antropológico em diversas situações), Arte, Comunicação Visual, Branding e, por fim, cursou a Harvard Business School.

Nós nos conhecemos há cerca de três décadas, o mesmo tempo de vida da AC. Embora sempre tenha havido admiração e empatia mútuas, a vida corrida, pessoal e profissional, nos deixou sem um espaço de convivência regular por muitos anos, o que conseguimos modificar recentemente, por meio de uma prática bem leve, o jogo de biriba! No qual, aliás, ela também é craque. Com a maior proximidade, pudemos afinar pontos de vista, somar opiniões e conceitos e comprovar nossa sintonia em temas como gestão de negócios, políticas públicas e outros tantos assuntos. Pude também conhecer em mais detalhes o incrível trabalho de criação e gestão de valor que a agência, fundada e liderada por ela, presta às organizações. Fiquei tão encantada que, em 2022, Ana me convidou para fazer a fala de abertura do evento de apresentação do trabalho sobre o Branding Brasil, que mensurou a percepção dos brasileiros sobre o Brasil e o valor que o país gera como marca. Pronto, estava fisgada pelo tema do branding, multifacetado e fascinante para alguém, como eu, com uma vida dedicada à gestão de organizações públicas e privadas.

Ana nos ensina que, assim como as lideranças precisam "dar o exemplo", agindo de maneira condizente com seu discurso, também as marcas precisam SER, FAZER e FALAR. O caso da Nike, um entre os muitos relatos do livro, é emblemático ao apontar a importância desse princípio. Após uma trajetória pioneira, ousada e vitoriosa, em um certo momento, a empresa sofreu acusações de uso de trabalho escravo, o que afetou de maneira significativa seu valor de mercado e a fidelização dos consumidores. Após uma primeira tentativa de "terceirizar" a responsabilidade, sob a alegação de que as fábricas não eram suas, a Nike entendeu que era preciso revisar seu modelo de negócios e ser, de fato, responsável por toda a cadeia produtiva. Revendo seu posicionamento e passando a praticar os conceitos que verbalizava, a empresa retomou sua emblemática história de sucesso, continuando a ser uma marca inspiradora e desejada.

Transpondo esses conceitos para o nosso país, a AC fez a pioneira pesquisa sobre o Branding Brasil para avaliar os pontos positivos e negativos do nosso país e o que devemos fazer para superar os obstáculos. A motivação do trabalho foi a percepção de que há um imenso valor a ser destravado no país, que não tem nenhuma marca entre as cem mais valiosas do mundo. No Brasil, qualidades como pluralidade, criatividade e resiliência são mais do que compensadas pela falta de planejamento e visão estratégica, de disciplina na execução de políticas, de métricas para aferição dos planos de ação, pelo protecionismo sem critério e prazo de vigência, pela baixa inovação e muitos outros aspectos, que mostram o tamanho do nosso dever de casa e da nossa oportunidade. A caminhada para a valorização global das marcas brasileiras não será rápida nem simples, mas, certamente, será facilitada pela atuação da Agência AC. Como diz a autora, somos capazes de qualquer coisa quando nos unimos, e podemos transformar potencialidade em realidade. Essa preocupação e essa ambição estão no DNA da cultura da agência e direciona seus projetos e atividades. Assim como nos ensina, a Agência Ana Couto É, FAZ e FALA.

MARIA SILVIA BASTOS MARQUES
Economista e executiva

Somos capazes de qualquer coisa quando nos unimos, e podemos transformar potencialidade em realidade.

A (R)EVOLUÇÃO DO BRANDING

Introdução

No mundo hiperconectado de hoje, é difícil imaginar como vivíamos sem a internet e suas inúmeras possibilidades. Consultar a enciclopédia Barsa para um trabalho escolar parece tão antiquado quanto enviar um fax para trocar informações. Outro tempo, outras tecnologias. As conexões instantâneas proporcionadas pela internet e especialmente por suas filhas mais notórias, as redes sociais, abriram um universo de oportunidades e transformaram a vida das pessoas.

E isso não foi diferente para as empresas. Os desafios de construir valor em um mundo globalizado e amplamente conectado vão além das fronteiras geográficas e demográficas, em que marcas brasileiras passaram a ter total condição de competir diretamente com gigantes globais. Antes da revolução digital, começar um negócio do zero era muito difícil e burocrático. Hoje, empreender se tornou mais acessível e relativamente simples. A possibilidade de dar vida às suas ideias e colocar em prática os seus sonhos empresariais está ao alcance de um público muito maior.

Por um lado, essa facilidade produziu um espantoso aumento do número de novos empreendedores no Brasil e no mundo, contribuindo enormemente para a pluralidade de vozes, produtos e serviços disponíveis. Na esteira dessas transformações, temos a nova economia chegando forte com startups virando unicórnios,[2] e investidores apostando em inovação. Por outro lado, formou-se um verdadeiro rio de novos negócios que deságua em um mar de outros já existentes.

Nesse cenário de competitividade cada vez mais acirrada, os números revelam uma realidade preocupante: mais da metade das empresas fecha as portas antes mesmo de completar cinco anos, e uma grande parte delas não consegue superar sequer o primeiro

---

2 Esse é o nome dado às startups de tecnologia que alcançaram um valor de mercado de pelo menos 1 bilhão de dólares, geralmente em uma fase inicial de desenvolvimento. O termo "unicórnio" é usado porque essas empresas são consideradas raras e especiais, assim como os unicórnios da mitologia, que são criaturas mágicas e únicas.

ano de atividade.[3] Esses dados refletem a necessidade urgente de estabelecer estratégias sólidas para garantir a sustentabilidade de qualquer empresa. A chave para o sucesso de qualquer negócio está em sua constante evolução.

Foi pensando nesse cenário que decidi escrever este livro, em um esforço pessoal de ajudar a entender a importância do branding e o modo como ele pode contribuir com as pessoas e empresas no século XXI. Com esse objetivo em mente, nas páginas seguintes vou revelar a metodologia que desenvolvi junto com meus sócios ao longo de uma trajetória lidando com essa disciplina, para mostrar onde estão as oportunidades e os perigos desse caminho. Minha intenção aqui é oferecer uma visão holística do processo, ampliando a perspectiva das estratégias e ações para a construção e gestão de valor com as ferramentas do branding.

Nesses anos em que trabalhamos com diversos perfis de diferentes de empresas, das familiares às holdings e estatais, foi possível enxergar melhor as características de cada organização e fazer uma distinção clara entre elas. Aprendemos que empresas globais, como Coca-Cola, P&G, Unilever e Basf, são muito disciplinadas no uso de metodologias de gestão de marca. No entanto, grande parte dos clientes brasileiros não tem nenhuma metodologia para fazer a gestão do intangível. É aí que o trabalho de branding pode ajudar muito.

Desafiar a hegemonia de marcas globais é um dos grandes desafios da agência Ana Couto. A brasilidade e o potencial que o Brasil tem de ser relevante para o mundo são questões que me acompanham e sempre pautaram a minha jornada profissional e pessoal. Apesar de o Brasil figurar entre as quinze maiores

---

3 O jornal O Globo publicou, ainda em 2019, um estudo do IBGE que apontava que seis a cada dez empresas abertas em 2012 encerraram as suas operações em menos de cinco anos. Fonte: RIBAS, R. Empreendedorismo: quase 60% das empresas fecham as portas em cinco anos. **O Globo**, 30 out. 2019. Disponível em: https://oglobo.globo.com/economia/emprego/empreendedorismo-quase-60-das-empresas-fecham-as-portas-em-cinco-anos-24045448. Acesso em: 20 jun. 2023.

economias do planeta, não há nenhuma empresa brasileira entre as cem mais valiosas em âmbito mundial segundo o ranking de valor de marcas da Brand Finance.[4] E entre as quinhentas mais valiosas do mundo, temos somente três bancos brasileiros. Acredito fortemente que podemos mudar essa história, trabalhando em conjunto para construir marcas capazes de nos reposicionar nesse ranking.

Quando comecei minha carreira na década de 1990, já havia me formado em Design pela Pontifícia Universidade Católica do Rio de Janeiro (PUC-RJ), curso que fiz concomitantemente a dois anos de Antropologia no Instituto de Filosofia e Ciências Sociais, na Universidade Federal do Rio de Janeiro (IFCS-UFRJ). Minha primeira incursão na vida de empreendedora aconteceu aos 20 anos, junto do meu querido amigo Giovanni Bianco, que tive a sorte de conhecer nas aulas de arte do Parque Laje, no Rio de Janeiro, e que hoje é reconhecido mundialmente pela genialidade na direção artística de marcas internacionais de moda e de astros pop, como Madonna e Anitta.

Depois de formada, decidi expandir meu conhecimento em branding e voei para os Estados Unidos para um mestrado em Visual Communication no Pratt Institute, em Nova York. Após cinco anos nos EUA, exposta a um mercado muito competitivo e globalizado, voltei ao Brasil em 1993 e assumi o desafio pessoal de impulsionar o valor das pessoas e das organizações por meio da visão mais ampla que viera comigo na bagagem. Queria ajudar empresas a construir marcas fortes e potencializar seus negócios. Com esse objetivo, trouxe a agência Ana Couto para o Brasil, inicialmente focada apenas em oferecer serviços de Design.

Mas minha formação não parou por aí e, em 2008, parti para uma especialização em Branding na Kellogg School of Management. Em 2013, de novo, senti necessidade de complementar minha visão

---

4 Você pode consultar essas empresas no endereço: https://brandfinance.com/. Acesso em: 29 out. 2023.

de negócios e liderança, e iniciei um curso no programa Owner/President Management (OPM), da Harvard Business School, concluído em 2015.

Nessa trajetória que em 2023 completa trinta anos, posso olhar para trás e reconhecer que valeu a pena. Nesses anos, evoluímos não apenas nossos serviços muito além do design, mas também a visão do branding, integrando estratégia de marca, negócio e comunicação. Hoje, acompanhamos o cliente da estratégia ao plano de execução. Conseguimos medir a eficácia das ações pelo Valometry,[5] ferramenta criada para medir a força da empresa e identificar o que precisa ser priorizado a partir de dados do consumidor.

Para reforçar nossa meta de impulsionar valor, em 2015 lançamos a plataforma de aprendizado Laje, na qual compartilhamos conhecimento e fazemos mentoria de alunos e pequenos negócios na aplicação de nosso método. Essa rica experiência com diversidade de segmentos me permite afirmar que, assim como aconteceu com a nossa agência, pequenas empresas também podem crescer. Marcas como Natura, Itaú, Cosan, Havaianas, entre muitas outras, são exemplos de organizações que começaram pequenas e conquistaram reconhecimento global.

De todas as áreas de conhecimento, destaco na minha formação e atuação profissional o estudo da Antropologia, por meio da qual nos deparamos com a essência do branding e seu ingrediente mais valioso e imprescindível: o próprio ser humano, com todos os seus desejos, anseios, dilemas e suas peculiaridades fascinantes. Não à toa, nosso mantra sempre foi: marcas são como pessoas. Às marcas devem interessar todas as complexidades e os elementos que compõem o mundo contemporâneo, o que obviamente inclui os indivíduos e os seus comportamentos sociais, motivo pelo qual podemos encontrar também na Sociologia outra poderosa aliada.

---

5 Você pode conhecer mais sobre nossa plataforma de gestão contínua de branding utilizada para decifrar o que realmente contribui para a conversão do seu público, incluindo maneiras de aplicá-la em seu negócio, no seguinte endereço: http://valometry.com.br/. Acesso em: 29 out. 2023.

Dessas disciplinas, cujas matérias-primas são o ser humano e as suas inúmeras maneiras de interação social, podemos extrair informações baseadas em padrões e, com base em dados, direcionar o branding. Somadas à minha formação e vivência no mundo do Design e à minha paixão pelo mundo empreendedor, essas ciências integradas me garantiram a base necessária para construir projetos que vão além do campo puramente estético, dando-me a oportunidade de incorporar elementos profundamente humanos às estratégias que desenvolvemos para construir marcas icônicas e narrativas envolventes.

Outro ponto que vou ressaltar neste livro é a importância do pensamento estratégico, que sempre me orientou a entender os desafios do mercado brasileiro de maneira estruturada e efetiva para trazer o branding à pauta dos CEOs/líderes das organizações. É desafiadora a empreitada de galgar essa agenda dentro das empresas, em geral junto a uma maioria que ainda é de executivos homens, alguns ainda arraigados a modelos de comando e controle que costumam relegar essa temática a "gastos de marketing", e não entender o branding como "investimento na construção de valor". Mas acredito que abrimos a conversa e hoje contribuímos para discussões profundas sobre como podemos ajudar na transformação das organizações, integrando a disciplina de branding na gestão do negócio.

Uma questão que influenciou a dinâmica das marcas é o modelo de comunicação no Brasil, único do mundo, que remunera as agências pela compra de mídia, levando muitas vezes às aplicações desproporcionais de recursos financeiros. Esse modelo tradicional criou certas distorções em que muitas vezes prevalece uma ideia criativa, mas que não reforça nem a marca nem o negócio. Claro que a comunicação digital transformou esse cenário e o orçamento mudou de mãos, mas ainda temos gastos excessivos em publicidade e que não têm uma visão estratégica de branding. E quando não há mensagem coesa, muito valor – além de dinheiro – é desperdiçado. Investir em branding não se trata somente de criar campanhas publicitárias esporádicas, mas, sim, de construir uma relação de confiança com os consumidores ao longo do tempo. Só assim se alcança o sucesso sustentável das marcas. O foco deve estar na construção de uma narrativa consistente e autêntica, para que sua marca alcance o reconhecimento necessário, ajudando na fidelização do cliente.

Não pense que o processo de valorização das marcas brasileiras acontecerá de um dia para o outro. Entretanto, com ferramentas e metodologia eficientes, será possível alcançar a visibilidade que almejamos. Até porque a dificuldade de resistir em um mercado cada vez mais competitivo não se restringe ao Brasil ou a pequenos empreendedores. Não são raros os exemplos de grandes corporações que encontraram mortes súbitas. Citarei neste livro alguns casos clássicos de empresas que, em tempos passados, eram líderes incontestáveis, mas que, por diferentes motivos, saíram do mapa.

Os dados apresentados pelo índice S&P 500[6] – um dos principais indicadores do mercado de ações nos Estados Unidos, que lista as quinhentas empresas mais valiosas da Bolsa de Valores de Nova York – revelam que a taxa de mortalidade de empresas americanas é igualmente elevada. Vale ressaltar que, para termos de comparação, enquanto os EUA têm mais de seis mil empresas listadas em bolsa, no Brasil não chega a quatrocentos o número de empresas de capital aberto.

A alta taxa de mortalidade das empresas acaba reforçando a tese do naturalista Charles Darwin sobre a evolução das espécies (aqui, no caso, sobre a evolução das organizações) de que não são os melhores, os mais fortes ou os mais inteligentes que sobrevivem, mas, sim, aqueles com maior capacidade de adaptação.

---

6 Amplamente utilizada como referência para acompanhar o desempenho do mercado acionário, essa lista é considerada um indicador importante para investidores e analistas financeiros. Pode ser conferida no endereço: https://www.spglobal.com/spdji/pt/indices/equity/sp-500/#overview. Acesso em: 29 out. 2023.

Além da constante evolução dos modelos de negócio, que já traz consigo uma complexidade crescente e irrefreável, existe também o desafio da comunicação. Se antes as empresas tinham o controle absoluto sobre a narrativa da sua marca, no mundo contemporâneo tudo se tornou mais complexo, fluido e dinâmico com a revolução tecnológica e o surgimento das redes sociais. O avanço da mídia programática de performances mudou substancialmente o modo de falar com o cliente, e trouxe também dados e métricas em tempo real. São tempos líquidos, de alta volatilidade e rápida transformação, diria o sociólogo Zygmunt Bauman.[7]

Como ponto de partida, é fundamental entender o que queremos construir. Ter uma visão clara do objetivo quando lidamos com o futuro de uma empresa é crucial para desenvolver uma estratégia eficiente de branding. Todo empreendedor precisa ter como horizonte a prerrogativa de fazer o seu negócio evoluir. Essa é a premissa de qualquer estratégia. É como diz aquele velho ditado: o lucro é como o oxigênio para um negócio; sem ele, não existe empresa que resista. Mas não existimos somente para respirar. Se estamos nessa condição, estamos no hospital precisando de oxigênio.

Para se manterem relevantes, as organizações precisam, antes de mais nada, encontrar a sua razão de existir a partir do seu maior talento. Portanto, antes de sair tomando decisões que podem comprometer ou apenas focar a saúde financeira de curto prazo do seu negócio, é importante compreender o seu papel no mundo, definindo quem você é como marca e aonde quer chegar em seu mercado. Ou é provável que seu esforço se torne um desperdício de energia e tempo.

O maior erro de um processo de branding é achar que ele se reduz à definição de uma marca (logo de uma empresa). Muito além do design, ele é um alinhamento de forças para convergir

---

7 BAUMAN, Z. **Tempos líquidos**. Rio de Janeiro: Zahar, 2021.

em estratégias de marca, negócio e comunicação que ajude a potencializar o sistema vivo que é uma corporação. É preciso criar a "cultura de branding" treinando um olhar mais intencional. Ao longo deste livro, vamos ver muitos casos nossos, globais e brasileiros, de sucesso e de insucesso, para podermos aprender com os exemplos. Falaremos da história dessa disciplina que vem se tornando um GPS para as organizações, assim como de processos e métodos que acreditamos ser essenciais para trabalharmos de modo eficaz no sentido de impulsionar duas palavras de lei: crescimento e valor. Vamos lá?

Todo empreendedor precisa ter como horizonte a prerrogativa de fazer o seu negócio evoluir.

A (R)EVOLUÇÃO DO BRANDING

1

> Todo empreendedor precisa ter como norteante a prerrogativa de fazer seu negócio evoluir.

Os desafios da construção de valor

Leitores mais novos talvez não se lembrem, mas antes de serviços de streaming como a Netflix invadirem as nossas casas, uma empresa americana chamada Blockbuster se espalhava depressa por todo o planeta, alugando filmes e videogames a seus clientes. Os ventos pareciam soprar a favor da empresa, que em sua época de ouro virou verdadeiro sinônimo de entretenimento em casa. As pessoas visitavam suas lojas físicas em busca de diversão em meio a uma vasta seleção de títulos. Um paraíso para cinéfilos e gamers. A chegada da internet, no entanto, representou um ponto de virada crítico para a empresa.

À medida que a internet foi se popularizando, tornando-se mais rápida e acessível, os serviços de streaming se difundiram. A Blockbuster, cujo modelo de negócio se amparava somente na mídia física desses produtos, não se adaptou a tempo. Diante da conveniência de assistir a filmes e séries sem precisar sair de casa, os consumidores mudaram mais uma vez seus hábitos de consumo de entretenimento. Essa mudança de paradigma pegou a empresa em cheio.

Por mais inacreditável que pareça, no ano 2000, a Blockbuster teve a oportunidade de comprar a Netflix pelo valor, hoje módico para o mercado, de 50 milhões de dólares (dezoito anos mais tarde, a mesma empresa chegaria ao valor de mercado de 180 bilhões de dólares), mas seu CEO não acreditou na proposta daquela empresa digital e recusou a oferta.[8] Diante da negativa de compra, a estratégia que a Netflix adotou foi quebrar o modelo de negócio da Blockbuster em três frentes: leveza de custos sem lojas próprias (a Blockbuster contava então com a maior quantidade de lojas do varejo americano); compreender a dor do consumidor na cobrança de multa por atraso (o que representava uma receita forte para a Blockbuster); além, é

---

8 BLOCKBUSTER poderia ter comprado a Netflix por US$ 50 milhões em 2000, mas achou a empresa cara. **Época Negócios**, 3 out. 2019. Disponível em: https://epocanegocios.globo.com/Empresa/noticia/2019/10/blockbuster-poderia-ter-comprado-netflix-por-us-50-milhoes-em-2000-mas-achou-empresa-cara.html. Acesso em: 20 jun. 2023.

claro, de estar pronta para a era digital. Em outras palavras, entender os detratores da proposta de valor concorrente alavancou a Netflix.

A Blockbuster, que chegou a ter mais de nove mil lojas ao redor do mundo e mais de oitenta mil funcionários, começou a acumular dívidas e a perder clientes rapidamente. Foi assim que, em 2010, a empresa entrou com pedido de falência, e suas lojas físicas gradualmente fecharam. Hoje, a empresa praticamente não existe mais, restando apenas uma unidade aberta nos EUA, funcionando mais como modo de resistência e de certo fetichismo por essa mídia já um pouco ultrapassada.[9]

Há muitos outros exemplos parecidos com esse na história das grandes marcas e organizações. São empresas que não souberam se adaptar e se manter relevantes para os seus consumidores, e sucumbiram diante dos novos desafios. A Kodak é outro exemplo: a empresa inventou a câmera fotográfica digital. Uma descoberta desse tipo poderia ter revolucionado a história da organização – e a isolado na vanguarda do mercado. A estratégia adotada pelos executivos, porém, foi engavetar o projeto como modo de proteger o seu negócio principal, que eram os filmes fotográficos. Essa decisão quase custou a vida da empresa. Apesar de ser uma marca icônica que nasceu em 1878, pioneira na ideia de tornar a fotografia simples em um clique, e tão popular como uma caneta, não respondeu às mudanças de contexto e quase levou tudo a perder.[10]

O PODER DAS REDES SOCIAIS DE ALAVANCAR OU DESTRUIR UM NEGÓCIO

Entre as mudanças mais disruptivas que testemunhamos na história, a internet está entre as mais impactantes. Ela revolucionou

---

9 Para os curiosos que não imaginam como era uma loja desse tipo, ou mesmo para os saudosos, a última unidade em funcionamento dessa rede tem um perfil no Instagram em que você pode acompanhá-los: https://www.instagram.com/blockbusterbend/. Acesso em: 29 out. 2023.

10 KLEINA, N. "A história da Kodak, a pioneira da fotografia que parou no tempo". **Tecmundo**. Disponível em: https://www.tecmundo.com.br/mercado/122279-historia-kodak-pioneira-da-fotografia-nao-evoluiu-video.htm. Acesso em: 16 out. 2023.

OS DESAFIOS DA CONSTRUÇÃO DE VALOR • **31**

a maneira como nos comunicamos e percebemos o mundo. Embora tenha transformado profundamente todas as esferas da vida (desde um chá de bebê da amiga até uma complexa cirurgia no cérebro), seu efeito na comunicação foi ainda mais extraordinário, superando em muito as tradicionais transmissões de informações, como jornais, rádio e televisão – ou mesmo os filmes e games que a Blockbuster alugava.

A capacidade de trocar informações em tempo real encurtou distâncias e criou oportunidades para a colaboração global, transformando profundamente a maneira como nos relacionamos e interagimos com o mundo. As redes sociais deram às pessoas, principalmente aos consumidores, o poder de construir ou destruir marcas. Então a máxima do *consumer driven*, que sugere às organizações colocar o consumidor no centro das decisões, passa a ser mais verdadeira do que nunca.

Um caso emblemático que ilustra bem essa história aconteceu em 2008, quando as empresas ainda não entendiam muito bem o poder das redes sociais. Foi quando a United Airlines queimou 2,5 bilhões de reais do valor de marca em quatro dias. Das gafes corporativas que a United já cometeu com seus clientes, essa talvez tenha sido a mais memorável: o músico canadense Dave Carroll teve a sua guitarra quebrada durante uma viagem com a companhia, que se recusou a indenizá-lo. Após quase um ano de reclamações, ele compôs a música "United Breaks Guitars" (em português, "United quebra violões")[11] e produziu um videoclipe para registrar sua insatisfação.[12]

O vídeo teve cerca de 5,7 milhões de acessos, ajudou a divulgar pelo mundo as reclamações de Dave e sua banda, a Sons of Maxwell, e ainda se reverteu em atenção e ofertas de ressarcimento

---

11 UNITED breaks guitars. Intérprete: Sons of Maxwell. *In:* UNITED Breaks Guitars. Halifax: Dave Carroll Music, 2009.

12 DEIGHTON, J.; KORNFELD, L. United breaks guitars – case solution. **Casehero**, 6 jan. 2010. Disponível em: https://www.casehero.com/united-breaks-guitars. Acesso em: 21 out. 2023.

por parte da companhia aérea. "United, você quebrou meu violão Taylor. Você quebrou, você devia consertar", lamenta Carroll nos versos da canção. Como consequência dessa má gestão de crise, avalia-se que a quebra de confiança pelas pessoas na marca representou uma perda de 15% de valor da United nesse curto período. Um golpe considerável. Com certeza a compra de uma guitarra nova para Dave teria saído mais barato do que esse *strike* nas redes.

QUANDO O PRODUTO É UMA CELEBRIDADE-FURACÃO

Ainda mais impressionante do que os números de vendas de seus empreendimentos, a cantora Rihanna é um dos mais emblemáticos exemplos de celebridade que sabe construir o próprio branding, promovendo, como poucos, a si mesma, assumindo riscos, sendo fiel a seus valores e, o mais importante, fazendo ótimos produtos. Além da bem-sucedida carreira como cantora, a artista também é um furacão nos negócios.

No Super Bowl de 2023, a cantora voltou aos palcos depois de uma pausa de cinco anos e aproveitou a enorme visibilidade para promover suas marcas e anunciar a gravidez do segundo filho. Durante a apresentação de treze minutos, cantou vários hits de sua carreira e, é claro, viu no evento uma grande oportunidade de divulgação. Depois do show, a artista teve alta de 390% nas vendas digitais em geral e de 211% nos streams. Além disso, ganhou mais 3 milhões de seguidores no Instagram e as buscas por sua marca de cosméticos, a Fenty Beauty, cresceram 833% após a cantora exibir um espelho compacto para retocar a maquiagem durante o show. No mesmo evento, aproveitou também para expor a nova coleção da sua recém-lançada linha de lingeries, a Savage X Fenty.

Entre tantas qualidades, além do senso de oportunidade e estratégia, essa capacidade de conexão que a Rihanna tem de criar com o seu público é um dos seus grandes fatores de sucesso. Em sua abordagem de marketing próxima e inclusiva, baseada em "mais ação, menos discurso", nas mídias sociais, o time criativo das marcas prioriza e se envolve em uma conversa diária com a sua comunidade e faz isso do melhor jeito possível: compartilhando histórias reais que tenham raízes na cultura e que sejam emocionalmente valiosas para seus consumidores. Rihanna, a grande imagem e personalidade por trás das marcas, usa as redes sociais de maneira próxima e autêntica para gerar inspiração e aspiração. Acredito que seja hoje um dos melhores exemplos do poder do bom uso das mídias digitais aliado a uma ótima entrega de custo-benefício.

Com as redes sociais, a possibilidade de falar, conversar e entender o que o seu consumidor quer ficou muito mais acessível para todos. Investir em mídia digital disponibilizada pelo Google e/ou Meta ajuda a entender melhor os consumidores, testar e vender seus produtos, e comunicar de maneira mais efetiva e barata, além de poder medir o retorno e direcionar os investimentos em tempo real. O jogo mudou radicalmente: da hegemonia da comunicação de massa somente para anunciantes com grandes orçamentos de mídia, para a liberdade de falar diretamente com as pessoas, abrindo a possibilidade da conquista de uma base fiel de seguidores.

Na era digital, a comunicação empresarial enfrenta desafios sem precedentes, uma vez que as empresas não detêm mais o controle absoluto da narrativa de suas marcas. Esse cenário é consequência do avanço exponencial das redes sociais, da mídia programática e de novas tecnologias que transformaram o modo como os produtos e serviços são disseminados e consumidos. As redes sociais possibilitaram que consumidores e usuários assumissem um papel ativo na construção da reputação das empresas, por meio de avaliações, comentários e compartilhamento, e decisão de compra.

Novos formatos de comunicação, que ganharam o nome de *growth marketing* (marketing de crescimento), passaram a demandar de seus gestores conhecimentos cada vez mais específicos. Esforços somente focados em performance digital têm o risco de cair em formato *push sale*, bombardeando seu consumidor para empurrar as vendas, sem construir um relacionamento fiel. Conjugar esforços de performance digital com branding é um equilíbrio importante a ser ajustado para atrair clientes de maneira mais dinâmica e econômica. Assim, o papel do CMO (*Chief Marketing Officer*) passa a ser também o de responsável pelo crescimento da organização. Os orçamentos de marketing, que muitas vezes são considerados supérfluos e antes eram os primeiros a ser cortados em tempos difíceis, agora são vistos como centrais para o negócio crescer com valor.

Dentro dessa conversa, aparecem importantes atores para compor o tabuleiro das marcas: os influenciadores digitais. Em um passado não muito distante, a influência sobre tendências, hábitos de consumo e estilo de vida eram restritos a um pequeno grupo vinculado às grandes mídias: as estrelas da novela, artistas com contratos milionários e famílias tradicionais e influentes. Hoje, tanto pela cultura dos memes quanto pela pluralidade de vozes que emergem das redes sociais, qualquer pessoa pode se tornar um influenciador. Tudo isso, é claro, impulsionado pelas marcas.

Esse mundo novo é também muito desafiador. Essa aposta em personalidades com milhões de seguidores mexeu não somente na dinâmica dos orçamentos de comunicação, mas também nos territórios e no papel social das marcas. Se, por um lado, a associação com influenciadores é muito potente para ampliar o impacto, aproximar e reforçar a personalidade de uma marca; por outro, é preciso saber bem dos riscos e das potencialidades desse esforço, pois não controlamos personagens midiáticos. O Brasil é o país que mais investe nesse tipo de divulgação no mundo, e os principais benefícios e consequências dessa nova relação muitas vezes são aprendidos com a bola em jogo (assim como as regras, que ainda estão sendo desenhadas).

Em sociedades cada vez mais polarizadas, tomar uma posição sobre questões sensíveis pode atrair tanto admiradores como críticos. Empresas que se envolvem em debates polêmicos correm o risco de alienar parte do seu público e sofrer boicotes ou críticas severas. No entanto, ficar em cima do muro, não se posicionando, também pode ser arriscado, já que os consumidores querem marcas de posicionamento claro e autêntico.

CO-BRANDING COM A PERSONALIDADE CERTA. ADIDAS APRENDENDO COM AS SUAS APOSTAS

Um caso que ilustra a relevância do posicionamento de uma marca é o da Adidas, que recentemente passou por uma situação delicada envolvendo sua parceria com o rapper Ye – ex-Kanye West. Após uma série de tuítes antissemitas por parte do artista, a Adidas decidiu cortar relações, deixando a empresa com um estoque considerável de tênis da linha Yeezy. Diante desse cenário, a Adidas enfrentou um dilema: o que fazer com os milhões de pares de tênis em estoque? A destruição dos produtos foi descartada, o CEO da empresa, Björn Gulden, afirmou que "queimar o estoque" não seria uma solução e simplesmente descartar os produtos também não faria sentido.

A solução encontrada pela empresa foi vender o estoque remanescente dos tênis Yeezy e doar os lucros. O rompimento da parceria com o rapper representou uma perda significativa para a Adidas, estimada em cerca de 1,31 bilhão de dólares em receita anual. A marca esportiva agora está buscando maneiras de aprimorar a gestão de suas parcerias e minimizar o risco de comportamentos inadequados por parte de seus parceiros. Além disso, a empresa está empenhada em melhorar as condições de trabalho, reforçando seu compromisso com a responsabilidade social corporativa.

Por outro lado, podemos citar em contraponto um caso de grande sucesso de uma marca brasileira que fez parceria com a mesma Adidas: a florida Farm, linha de roupas femininas que está conquistando o mundo. Cansada de usar roupas sérias e caretas no mundo corporativo, a estilista Katia Barros, sua fundadora, sonhava com algo que carregasse o estilo de vida da menina carioca que ela sempre foi: descolada e casual, refletindo charme nas estampas e cores. Para garantir a autenticidade criativa, a marca montou um espaço de trabalho que é uma espécie de mundo encantado do espírito jovem, recrutando também para seu time criativo de estilistas meninas que representam a personalidade da marca.

Resumindo: a Farm virou uma referência tão forte com suas lojas, estampas e vendedoras, que em pouco tempo expandiu pelo Brasil todo. Nessa conquista de territórios, fez um movimento audacioso propondo à Adidas um co-branding. Essa linha desenvolvida com as roupas igualmente descoladas da marca esportiva com estampas da marca carioca é hoje a linha de parceria da Adidas que mais vende no mundo. Segundo Marcelo Bastos, CEO e sócio da Farm,[13] 50% da receita atualmente já vem da expansão global. A empresa faz parte do Grupo Soma, que representa hoje muitas marcas de moda. Uma organização que sabe o poder do branding.

A postura das marcas em relação a seus valores e objetivos tem se tornado cada vez mais importante na construção de uma identidade forte e na conexão com os consumidores. No contexto atual, de cidadãos mais conscientes e exigentes, a maneira como as empresas se colocam pode ter impacto significativo sobre o negócio.

A COERÊNCIA DA APPLE É O MAIOR SUCESSO NA EVOLUÇÃO DA MARCA

O que fica claro com esses exemplos é que as mudanças no comportamento do consumidor são um dos principais fatores que impulsionam a necessidade de adaptação. As preferências, expectativas e os valores dos clientes estão em constante evolução, estimulados por novas tecnologias, tendências culturais e questões sociais e climáticas emergentes. Aqui podemos resgatar um

---

[13] Você pode se aprofundar mais nesse assunto no podcast Código Aberto, no qual eu convido alguns executivos para debater temas ligados ao branding e ao mercado no geral. Marcelo Bastos já foi um desses convidados. Confira o podcast em: https://open.spotify.com/show/4J2PJlRyyqEEHRLSdqTZSn?si=2906eddeda58448e. Acesso em: 01 nov. 2023.

OS DESAFIOS DA CONSTRUÇÃO DE VALOR • 37

grande e conhecido mestre da área de tecnologia que simplesmente construiu do zero a marca mais valiosa do planeta. Desde o início, guiou sua empresa com uma coerência absurda, pautada na expressão "desafie o *status quo*". Com essa visão clara, a adoção de um logotipo em formato de maçã mordida é coerente com sua estratégia. A comunicação reforçada pela tagline "Pense diferente" reflete muito bem seu posicionamento.

O nome do protagonista dessa história ainda não foi citado, mas você já sabe quem é. Steve Jobs conta que um curso de Tipografia foi transformador na sua formação. Ali, ele pôde entender a potência de um design único e *seamless*, isto é, pensado nos mínimos detalhes com todo cuidado para ser perfeito e integrado não apenas no visual, mas também na usabilidade de seus produtos. Assim, a Apple traz uma coerência incrível na proposta de valor, percebida em todos os seus pontos de contato como produtos, lojas, embalagens e campanhas. Seu design único e narrativa coesa fazem o negócio crescer com muita diferenciação e propriedades visuais.

A jornada da Apple,[14] centrada na disciplina do branding, transformou uma empresa especializada em computadores – o primeiro Macintosh foi lançado por ela em 1984 –, em uma oferta superabrangente, que engloba desde dispositivos iPod e iPhone, iTunes até a plataforma de streaming Apple+. No ano de 2023, o valor de mercado da empresa chegou a 3 trilhões de dólares na Nasdaq (bolsa de valores de ações de tecnologia nos EUA). A empresa é a única a ter alcançado esse valor, que chega a ser maior que o PIB de quase todos os países do mundo, com exceção de seis deles: Estados Unidos, China, Índia, Japão, Alemanha e Reino Unido, cujo PIB ficou acima de 3 trilhões de dólares em 2022, segundo levantamento do Fundo Monetário Internacional (FMI).[15] Inclusive o Brasil, que ocupava a

---

14 ISAACSON, W. **Steve Jobs**. Rio de Janeiro: Intrínseca, 2022.

15 GUILHERME, G. Apenas 6 países têm PIB maior que valor de mercado da Apple. **Exame**, 30 jun. 2023. Disponível em: https://exame.com/invest/mercados/apenas-6-paises-tem-pib-maior-que-valor-de-mercado-da-apple/. Acesso em: 21 out. 2023.

12ª posição na lista dos países mais ricos do mundo, com um PIB de 1,92 trilhão de dólares em 2022.[16]

Na receita do mestre Steve Jobs, coerência do branding com inovação constante é a mistura perfeita de ingredientes para atravessar gerações com uma marca de sucesso.

RESULTADO A QUALQUER CUSTO NEM SEMPRE TRAZ O MELHOR RESULTADO

Precisamos estar atentos à criação de negócios cujo único foco é o resultado financeiro. Uma referência de gestão no capitalismo brasileiro para outros empresários foi o grupo 3G, que trouxe para as empresas do país valores como ambição, sonho grande, disciplina de execução, foco em gestão de custos e a atitude de dono para colaboradores. Empresas globais, como a Imbev, surgiram desse trio de gestores que compraram grandes marcas globais como a Budweiser, nos EUA, e no Brasil a Ambev é um exemplo de sucesso. Para muitos clientes com quem trabalhamos, a cultura 3G virou mantra e muitas conquistas vieram desse novo jeito de desenvolver a cultura do time muito focado na execução. Porém muita coisa mudou de rumo, e a própria rede das Lojas Americanas, também investida do grupo, acabou bebendo do seu próprio veneno, como veremos mais a seguir.

Um exemplo emblemático de estratégia focada exclusivamente em resultado foi o conhecido "dieselgate" – grande escândalo que ocorreu entre 2009 e 2015, envolvendo o impacto de poluentes dos motores da Volkswagen.[17] O mais curioso e desalinhado dessa história é que em 2011 a empresa lançou a campanha "Think Blue", que traduzia

---

16 RIVIERA, C. Brasil fecha 2022 como a 12ª economia do mundo, empatada com Irã; veja ranking. **Exame**, 2 mar. 2023. Disponível em: https://exame.com/economia/brasil-fecha-2022-como-a-12a-economia-do-mundo-ranking/. Acesso em: 21 out. 2023.

17 "DIESELGATE": veja como escândalo da Volkswagen começou e as consequências. **G1**, 23 set. 2015. Disponível em: https://g1.globo.com/carros/noticia/2015/09/escandalo-da-volkswagen-veja-o-passo-passo-do-caso.html. Acesso em: 21 out. 2023.

toda sua ambição de ser uma empresa sustentável e convidava os consumidores a participarem de uma mobilidade mais ecológica.

Durante esse período, com o intuito de passar em testes regulatórios, a montadora empregou várias técnicas fraudulentas para reduzir as emissões de dióxido de carbono e óxido de nitrogênio em alguns de seus motores a diesel e gasolina. Em 18 de setembro de 2015, a Agência de Proteção Ambiental dos Estados Unidos emitiu um aviso à Volkswagen por violação da Lei *Clean Air Act*, que regula as emissões de poluentes nos Estados Unidos. Ficou constatado que a Volkswagen havia programado intencionalmente a injeção eletrônica dos carros a diesel para ativar determinados controles de emissões apenas durante os testes.

No entanto, no mundo real, com os controles desativados, os carros passavam a emitir até quarenta vezes mais óxido de nitrogênio. A Volkswagen instalou esse programa em cerca de 11 milhões de veículos em todo o mundo, incluindo meio milhão nos Estados Unidos, abrangendo modelos fabricados entre 2009 e 2015.

A partir de 2016, a montadora começou a convocar os proprietários dos veículos afetados para reformular os carros com a solução agora aprovada pelos órgãos reguladores na Europa. No entanto, muitos clientes reclamaram de diversas alterações após essa intervenção, incluindo um aumento no consumo de combustível, perda de potência e aumento do ruído do motor. Além disso, alguns consumidores relataram problemas mecânicos e erros no computador de bordo, entre outros. Diante desse cenário, milhares de clientes de vários países que se sentiram prejudicados pelo grupo Volkswagen começaram a se organizar, criando grupos nas redes sociais para trocar informações e elaborar estratégias para enfrentar a montadora.

Em 2015, a Volkswagen enfrentou graves consequências financeiras e de reputação. As ações da empresa despencaram 19% em três dias, resultando em perdas acumuladas da ordem de 25 bilhões de euros devido ao "dieselgate". Além disso, o CEO global da empresa pediu demissão. No Brasil, o Departamento de Proteção ao Consumidor concluiu um processo administrativo contra a Volkswagen, impondo uma multa de 7,2 milhões de reais, sendo essa a terceira penalização da montadora no país. Mais um exemplo da importância de *walk the talk*, ou seja, da coerência de que ser, fazer e falar é mais verdadeira do que nunca.

Outro capítulo mais recente na história das corporações foi o caso da Americanas.[18] Marca querida do varejo brasileira, com história de quase um século, teve ajuda da nossa agência em diferentes desafios de branding. Como exemplo de gestão espartana, influenciou muitas organizações brasileiras com seus valores de ambição, foco em execução e principalmente em resultado. Sua gestão, porém, priorizava a remuneração dos acionistas e executivos, muitas vezes em detrimento do foco no consumidor e de seus fornecedores. Com ênfase excessiva em resultados de curto prazo, apesar de ter sido pioneira em muitas inovações digitais que a fizeram crescer enormemente, seu modelo não se provou sustentável.

Mesmo sendo uma marca centenária, a liderança das Americanas bebeu do próprio veneno e tropeçou na governança corporativa, deixando seus executivos burlarem balanços para falsos resultados – o que acabou desembocando na derrocada das ações dessa empresa, acusação de fraude e no pedido de recuperação judicial a que assistimos no início de 2023.

As empresas que conseguem criar uma atitude *win, win,win*, em que o ganho de todos os envolvidos – colaboradores, parceiros, fornecedores e comunidades locais – está sendo priorizado, tendem a estabelecer relacionamentos mais fortes e duradouros. Atender as demandas do ecossistema ao seu redor pode abrir portas para novas oportunidades de negócio e crescimento.

É POSSÍVEL FICAR EM CIMA DO MURO NA DISCUSSÃO SOCIAL?

Mais um exemplo triste: o patrocínio da Bud Light a uma postagem no Instagram da influenciadora Dylan Mulvaney. Em abril de

---

18 ENTENDA a fraude na Americanas em 4 pontos. **CNN Brasil**, 13 jun. 2023. Disponível em: https://www.cnnbrasil.com.br/economia/entenda-a-fraude-na-americanas-em-4-pontos/. Acesso em: 21 out. 2023.

2023, ela recebeu da Bud Light uma latinha exclusiva celebrando um ano da sua transição de gênero. Esse post desencadeou uma tempestade de reações transfóbicas e apelos por boicote por parte dos consumidores da marca de cerveja, predominantemente associada a padrões de masculinidade norte-americana Em resposta, a empresa divulgou uma declaração vaga do CEO, que não ofereceu apoio a Mulvaney ou à comunidade trans, o que acabou gerando uma comoção e uma crise muito maior para a empresa.

Além de ter tido rebaixada a sua classificação máxima em igualdade LGBTQIA+, de acordo com a imprensa internacional, a Bud Light teria perdido cerca de 5 bilhões de dólares em valor de mercado desde o início da crise de imagem. Esse caso evidencia os desafios de lidar com situações que colocam à prova seus valores e seu propósito. A gestão das parcerias e a postura frente a comportamentos inadequados se tornaram questões fundamentais para as empresas, não apenas como uma preocupação ética, mas também como um fator que pode impactar os resultados financeiros e a imagem da marca.

Por outro lado, talvez o melhor exemplo de coerência de uma organização cujas ações se baseiam em uma postura clara e bem definida seja o da multinacional americana Starbucks. Acredito que todos já passaram pela experiência de comprar um café em uma das lojas dessa rede, que conta com a maior cadeia de cafeterias do mundo. Funciona da seguinte maneira: o atendente pergunta pelo nome do cliente, anota no copo de café e, depois de pronto o pedido, chama as pessoas por seus nomes.

Pautada nessa tradição de personalizar o atendimento ao público, em 2014, a cafeteria promoveu uma campanha nos Estados Unidos em que duas drag queens, Bianca Del Rio e Adore Delano,[19] se encontram na fila

---

19 Participantes do programa RuPaul's Drag Race, reality-show que apresenta uma competição de drag queens nos EUA, Bianca Del Rio e Adore Delano são influencers bastante populares, contando com milhões de seguidores nas redes sociais.

da Starbucks aguardando o seu pedido.[20] Quando prontos, os cafés são entregues às duas ao mesmo tempo, com os nomes estampados nos copos. A ideia que a propaganda passa é de que no espaço da Starbucks, pelo menos, todos podem assumir o nome com que mais se identificam, em um ambiente de respeito à diversidade. Para o público conservador, porém, aquela propaganda era uma afronta aos valores que defendiam, e iniciou-se um movimento de boicote à Starbucks. No entanto, o CEO da empresa, em atitude bastante corajosa, saiu em defesa da campanha e deixou claro que aqueles que não estivessem alinhados com os valores da empresa poderiam deixar de consumir seus produtos e incentivou investidores a venderem suas ações. Surpreendentemente, as ações subiram, e a empresa continuou a reforçar essa postura na comunicação. Isso apenas demonstra a coerência e a firmeza da marca em relação aos seus princípios.

E a Starbucks não parou por aí. Voltando à defesa da diversidade, a marca lançou outra campanha no Reino Unido – empreitada esta, aliás, que venceu o prêmio de diversidade na publicidade em 2019. A propaganda, chamada *What's your name?*, ilustra a história da transição de uma pessoa transgênero justamente através de seu nome. O jovem retratado na propaganda é constantemente desafiado quando as pessoas insistem em chamá-lo por seu nome de nascimento, "Jemma Miller", mesmo durante a sua transição. É visível que o jovem se sente incomodado ouvindo aquele nome feminino que ele tanto deseja abandonar. Mas tudo muda de figura quando ele vai à Starbucks e pede um café. Nesse momento, o barista anota o nome "James" em seu copo de café e chama-o pelo nome escolhido.

É uma cena comovente e contundente que mostra o poder que a inclusão tem na vida das pessoas. Diante da realidade dos anúncios de televisão no mundo, em que apenas 0,3% apresentam uma pessoa transgênero, essa iniciativa quebra paradigmas relevantes para pessoas da comunidade LGBTQIA+ e se mostra coerente com o propósito da Starbucks.

---

20 Você pode assistir a essa campanha no endereço: https://www.youtube.com/watch?v=YkyTQP27H6s. Acesso em: 29 out. 2023.

Ambos os casos, tanto o da Bud Light, tentando apagar um incêndio que ela mesma criou sem firmeza para se posicionar, quanto o da bem-sucedida campanha da rede de cafés, são uma prova de como é importante as organizações se posicionarem. Os valores são os princípios e as crenças que guiam a empresa em suas ações e decisões. Eles representam o que a marca significa e como constrói relevância para as pessoas. Aprendemos com esses casos que é importante mapear os riscos e as consequências de ações que mexem com valores das marcas, sobretudo quando não são verdadeiras.

COMO NAVEGAR NO MUNDO VUCA – VOLÁTIL, INCERTO, COMPLEXO E AMBÍGUO

Já sabemos que toda organização contemporânea que deseja usar seu talento para ir além da simples venda de produtos deve ter o firme propósito de criar impacto positivo no mundo. Mas que mundo é esse?

Criado pelo exército americano para descrever possíveis cenários e contextos de guerra, o termo VUCA[21] surgiu na década de 1990 para definir o ambiente global do século. A definição, rapidamente assimilada pelas cartilhas de treinamento do mundo corporativo, inspirou as empresas a fazerem planos de contingência para agir de acordo com cada situação. Afinal, nesse âmbito, a capacidade de uma organização evoluir se tornou uma questão central para sua sobrevivência e relevância no mercado.

O mundo VUCA é ainda hoje uma realidade a que todas as organizações precisam se adaptar, respondendo com agilidade às mudanças e desafios que ele impõe. Mas, para isso, é fundamental ter total clareza do que suas marcas representam e que papel desempenham na sociedade a que pertencem. Afinal, a relevância das marcas está no modo como elas

---

21 Sigla composta pela abreviação das palavras **Volatility**, **Uncertainty**, **Complexity** e **Ambiguity**, VUCA é frequentemente usado para descrever a natureza desafiadora e incerta do ambiente empresarial contemporâneo. As organizações que reconhecem e se adaptam a essas características estão mais bem preparadas para enfrentar os desafios e prosperar em um mundo em constante mudança.

se relacionam com seu ecossistema, e não só na maneira como se vendem. Ainda que hoje essa correlação seja cada vez mais clara e inconfundível.

Uma postura consistente é essencial para estabelecer a confiança dos colaboradores, investidores e consumidores. Quando uma marca se mostra autêntica e coerente em suas ações, ela fortalece sua imagem e constrói relacionamentos duradouros com seu público, gerando a tão importante fidelização. Por outro lado, quando não mantém a coerência, corre o risco de ser percebida como falsa, oportunista ou desinteressada das preocupações reais dos consumidores. Isso pode levar à perda de confiança, a uma crise de reputação e, consequentemente, a resultados financeiros negativos. Tudo o que ninguém quer.

TAKE AWAYS – CAPÍTULO 1

- Fique atento às mudanças de mercado e seja o primeiro a percebê-las. Se alguém canibalizar seu negócio, que seja você mesmo. Todo modelo de negócio precisa evoluir com o contexto.
- As organizações que não se ajustarem para permanecer relevantes acabarão sucumbindo.
- Não minimize o poder das redes sociais, elas podem ser uma alavanca ou uma bomba-relógio.
- Co-branding pode dar muito certo ou muito errado; por isso, pense bem se as marcas têm a mesma visão de mundo.
- A alteração nos padrões de consumo é um dos principais motivos que impulsionam a necessidade de adaptação.
- Aceite a realidade do mundo VUCA – volátil, incerto, complexo e ambíguo.
- Aprenda a construir um vínculo forte com seu consumidor, afinal ele é fiel à necessidade dele, e não ao seu negócio.
- Negócios obcecados somente por resultados financeiros não evoluem bem.
- Coerência com valores e propósito paga bons dividendos.

A relevância das marcas está no modo como elas se relacionam com seu ecossistema, e não só na maneira como se vendem.

A (R)EVOLUÇÃO DO BRANDING

2

A história
do branding
e a evolução
do capitalismo
no século XXI

Já faz bastante tempo que convivemos com o branding. Claro que ele nem sempre foi reconhecido com esse nome, mas os princípios dessa disciplina estão enraizados no nosso dia a dia há milênios. Podemos perceber sua presença em muitos momentos da história humana, e alguns desses períodos foram especialmente marcantes para o seu desenvolvimento. Esses eventos refletem também a transformação que a própria sociedade sofreu, assim como a mudança no modo como nos relacionamos.

A origem do termo branding está na língua inglesa e deriva da palavra *brand*, que em português significa marca. A etimologia dessa palavra, por sua vez, nos revela que suas raízes são bem mais antigas e, de certo modo, até um pouco inusitadas. Originalmente, a palavra *brand* referia-se ao ato de marcar animais com um ferro em brasa para identificá-los como pertencentes a um determinado proprietário.[22] Dá para entender a correlação com a concepção que temos hoje de uma marca que indica a procedência de um produto. Pouco tempo depois, esse conceito acabou estendido também às atividades comerciais, em que as marcas eram utilizadas para identificar a origem e a qualidade dos produtos.

O conceito de branding, como o conhecemos hoje, surgiu da necessidade de desenvolver estratégias e práticas para gerenciar e promover marcas de maneira eficaz no mercado. Ficou claro que a simples criação de um produto ou serviço já não era suficiente para se destacar. Era preciso ir além. E foi assim que o branding surgiu como um instrumento para viabilizar a criação de uma identidade única para as marcas, tornando-as capazes de transmitir seus valores, suas crenças e aquilo que as diferencia dos concorrentes – isso tudo difundido de modo intencional e estimulante para os consumidores.

---

22 ZAMPIERI, L. **Branding:** o poder simbólico das marcas. 2022. Dissertação (Mestrado em Ciências Sociais) – Programa de Estudos Pós-Graduados em Ciências Sociais da Pontifícia Universidade Católica de São Paulo, São Paulo, 2022.

Foi assim, grosso modo, que o branding acabou se consolidando como uma disciplina essencial na construção de valor para uma organização. Desde então, é ele o responsável direto por construir e fortalecer a reputação das marcas. Claro que, em seu início, as estratégias adotadas não eram tão sistematizadas e bem estabelecidas como são hoje. Para chegar até os dias atuais, essa disciplina passou por muitas modificações e foi se adequando ao contexto do mundo.

Este livro pretende expandir ainda mais o papel do branding como uma disciplina que vai além da criação ou mudança de marca, quando chamamos de rebranding. Vamos entender melhor como, ao longo desses trinta anos, conseguimos evoluir o método integrando e expandindo seu conceito para a melhor "gestão de valor".

O BRANDING PRÉ-HISTÓRICO DOS NOSSOS ANTEPASSADOS

O Parque Nacional Serra da Capivara, no estado do Piauí, impressiona qualquer turista cosmopolita. Os vales esculpidos pela ação do tempo e de forças geológicas surgem soberanos em meio ao tapete verde de árvores e vegetação rasteira. A indiscutível beleza desse lugar, no entanto, não é o que mais chama atenção de quem visita o parque. O grande atrativo são as pinturas rupestres que se espalham pelas paredes rochosas. Trata-se, na verdade, do maior acervo de pinturas desse tipo do planeta.[23]

As cenas eternizadas nos paredões indicam não só a necessidade de nossos antepassados de registrar a história de seu cotidiano, são talvez os primeiros indícios de símbolos criados pelos humanos. Muitos pesquisadores acreditam que boa parte das pinturas possam ter um caráter ritualístico ou mágico, associado a crenças e mitos desses povos ancestrais.

---

23 LUISA, I. Serra da Capivara: um paraíso (quase) escondido. **Superinteressante**, 25 fev. 2019. Disponível em: https://super.abril.com.br/especiais/um-paraiso-quase-escondido. Acesso em: 29 set. 2023.

Se olharmos para trás em busca de um momento específico em que o branding teria nascido, notamos que, na verdade, a biografia dessa disciplina está bastante ligada à história da própria sociedade. Em uma análise mais antropológica, é possível afirmar que ele sempre existiu. Nesse contexto eram as primeiras formas de linguagem visual. A criação de símbolos que carregam significados, por exemplo, é de certa maneira a essência do branding – e as pinturas do Parque Nacional Serra da Capivara são uma bela amostra.

O mesmo fenômeno acontece em rituais e cerimônias religiosas, tão comuns na história da sociedade humana: ali também podemos encontrar elementos do branding. O que essas ocasiões propõem, afinal, é justamente uma experiência singular e repleta de significados que extrapolam os ritos em si e abrangem narrativas que, desde tempos imemoriais, participam da história humana.

A Igreja Católica é um bom exemplo. Empregando metodologias hoje comuns ao branding, essa antiga instituição acabou resistindo ao tempo e chegando até os nossos dias com muita força. Não à toa, a Bíblia Sagrada é o livro mais vendido na história, com mais de 5 bilhões de cópias compradas. Um olhar mais atento às cerimônias religiosas vai revelar o uso de objetos que representam significados profundos e diversos. Podemos tomar como exemplo a cruz, tão importante para a narrativa católica, que funciona como um símbolo de complexas e ricas histórias a respeito de Jesus Cristo e seus apóstolos. Além do símbolo da cruz, inúmeros outros signos abundam no catolicismo: incenso, cantos, hóstia, vinho, velas e arquitetura das igrejas. É praticamente um mergulho em simbologias e narrativas.

Desse ponto de vista, podemos afirmar que nós, humanos, criamos símbolos carregados de significados das coisas que nos cercam e das experiências que vivenciamos no coletivo. Desde tempos remotos, nossos ancestrais utilizavam símbolos para expressar suas crenças, seus valores e identidade, uma maneira criativa de singularizar e atribuir valor à própria existência, gerando um senso de pertencimento a grupos sociais. Sem isso, é até mesmo difícil pensar a sociedade moderna, na qual transbordam alegorias e narrativas para explicar e interagir com o mundo. O branding, no fim das contas, funciona como a sistematização desse processo que, de certa maneira, acompanhou os grandes momentos da evolução da nossa história.

Proponho, a partir daqui, um sobrevoo para entender momentos importantes que ainda estão presentes na sociedade de hoje. Como somos fruto dessa longa jornada, podemos perceber temáticas e símbolos que continuam muito presentes: discussões sobre estética, beleza, democracia, religiões, enfim, temos muito caldo.

O BRANDING NOS GRANDES CICLOS DA HISTÓRIA DA HUMANIDADE

Agricultura: a primeira grande guinada

O início da agricultura é um grande passo na história da evolução humana. Essa mudança paradigmática ocorreu entre dez e doze mil anos atrás, durante o período conhecido como Revolução Neolítica. Essa fase de transição acabou moldando a sociedade como a conhecemos hoje. Um passo enorme em um período da nossa história, marcado principalmente pelo abandono da condição de nômades: foi nesse momento que os nossos ancestrais fixaram residência nos locais mais adequados ao plantio e à coleta de alimentos. Ficava para trás a peregrinação diária.

Com o surgimento da agricultura e da domesticação de animais, nossos antepassados estabeleceram assentamentos permanentes, o que possibilitou o desenvolvimento de comunidades mais estruturadas e complexas. Como consequência colateral dessa transição para a agricultura, surgiu uma divisão mais complexa do trabalho, com o desenvolvimento de diferentes habilidades e especializações entre os membros da comunidade. Apareceram os primeiros agricultores, artesãos, líderes, sacerdotes e guerreiros, cada um desempenhando um papel crucial na sustentação da comunidade. Podemos discorrer sobre inúmeras civilizações que expandiram suas culturas por meio de sistemas de crenças, artefatos culturais que permanecem fortes e presentes.

Nessa história contínua e densa de significados, podemos traçar o fio condutor de muitos aspectos culturais que mesmo hoje permeiam nossa civilização. Muitos dos debates ainda em voga no mundo ocidental têm suas origens em épocas remotas anteriores a Cristo, como o conceito de democracia, surgido na Grécia; assim como pensamentos filosóficos, artísticos e culturais, que englobam desde a estética do belo em corpos perfeitos até o papel secundário da mulher na sociedade, designada como a guardiã do fogo sagrado restrito à casa.

Podemos também mergulhar na formação de diversas culturas, identidades e valores de muitos países ou cidades. Tive a oportunidade de ir recentemente ao Peru, onde a presença da cultura Inca é impressionante. Desde o idioma quíchua, que junto com o espanhol e o aimará formam a língua oficial do Peru e da Bolívia, aos artefatos artesanais e à alimentação, com seus mais diversos tipos de milhos e batatas, frutos da civilização que viveu naquela região. É ainda exuberante a riqueza cultural que traz valor para esse país em tantas dimensões, hoje ressignificada em diferentes esferas da cultura como a culinária, que é reconhecidamente uma das melhores do mundo.

A razão do meu interesse por Antropologia, porém, foi uma visita ainda muito jovem ao Museu Nacional de Antropologia do México e o fascínio que aquele espaço exerceu sobre a minha formação. Quando mergulhamos também no Brasil e na riqueza cultural dos povos originários, vemos o quanto deixamos de reconhecer valor desse passado. Como o exemplo do manto do povo Tupinambá, um dos mais bem preservados de um total de onze levados para a Europa no século XVII e que só agora volta para o Museu Nacional do Rio de Janeiro. Medindo 1,2 metro de altura por 60 centímetros de largura, ornados de penas azuis das ararunas, e vermelhas de guarás, esse tipo de traje era usado em eventos solenes, como reuniões, cerimônias funerárias de entes queridos e rituais antropofágicos – as celebrações mais grandiosas realizadas por eles durante o período colonial.[24]

Interessante observar ainda a imensa riqueza em tipos de organizações sociais com diferentes sistemas de crença e símbolos de poder e hierarquia – códigos iniciais que mais tarde seriam essenciais para o entendimento do que hoje conhecemos como Antropologia, Sociologia e Branding. Entendendo o branding como gestão de valor, podemos ver o quanto é importante revisitar a história para compreender as narrativas de poder e promover movimentos de descolonização relevantes nessa conversa de valores culturais. Olhar para trás, entender e ressignificar é um processo necessário e positivo para a construção do valor futuro de um país, uma cultura ou organização.

Industrialização: o início dos tempos modernos

A era industrial é o começo de uma grande mudança que podemos considerar recente na trajetória da humanidade. Ela possibilitou avanços significativos do bem-estar e na qualidade de vida que usufruímos nos tempos modernos. Esse período de intensas transformações sociais ocorreu a partir do século XVIII e se estendeu até o início do século XX, trazendo consigo um conjunto de mudanças que moldou a sociedade capitalista que vivenciamos hoje.

A principal característica da industrialização foi a transição de uma economia predominantemente agrária para aquela baseada na produção em larga escala. Com o avanço da tecnologia e o surgimento de máquinas a vapor, as indústrias passaram a produzir em quantidades jamais imaginadas. A introdução de linhas de montagem e a divisão do trabalho revolucionaram os processos produtivos, permitindo um aumento expressivo na produtividade das fábricas.

---

24 CARDOSO, R. Museu Nacional recebe doação de manto tupinambá do século 17. **Agência Brasil**, 28 jun. 2023. Disponível em: https://agenciabrasil.ebc.com.br/geral/noticia/2023-06/museu-nacional-recebe-doacao-de-manto-tupinamba-do-seculo-17. Acesso em: 20 out. 2023.

Uma grande invenção da nossa história recente é o carro, que de certa maneira protagoniza uma nova era, exercendo o papel de herói e vilão da economia global. Desbancando carroças, cavalos e carruagens, quando colocado em uso, o automóvel mexeu com todo o conceito de mobilidade da época. Receosos e diante de grande pressão da sociedade, os ingleses aprovaram uma lei em 1865, exigindo que qualquer carro ou trem na velocidade de apenas 7 quilômetros por hora fosse acompanhado por uma pessoa andando à frente do veículo com uma bandeira vermelha para proteger os pedestres. A famosa Lei da Bandeira Vermelha (*Red Flag Law*), que perdurou por trinta e um anos, mas hoje parece totalmente fora de contexto. É interessante notar como as inovações que quebram paradigmas vêm sempre acompanhadas de muita resistência.[25]

O carro preto e muitas revoluções de significados

Ainda falando sobre como o automóvel é emblemático na nossa cultura e como ele influenciou organizações, vale a pena lembrar o caso da Ford. No século XIX, o engenheiro americano Frederick Taylor (1856-1915) estudou profundamente o modo de produção dos trabalhadores nas fábricas. Com esses dados em mãos, propôs um novo método nas linhas de produção: em vez de um trabalhador desempenhar várias funções, por meio da "divisão de trabalho", cada operário desempenharia uma única e repetitiva tarefa. Assim, entrava uma nova variável no jogo: a produtividade. Com um olhar mais mecanizado do trabalho, aliado à constante medição da eficácia de processos, a meta passou a ser produzir de maneira mais eficiente a partir do controle de horas e de custos. Produtividade passou a ser uma medida fundamental para a gestão das organizações do século XX.

---

25 A LEI da bandeira vermelha. **Sinal de Trânsito**. Disponível em: https://www.sinaldetransito.com.br/curiosidades_foto. php?IDcuriosidade=33&alt=. Acesso em: 16 out. 2023.

Com a segmentação das tarefas, a indústria adotaria o "taylorismo", rapidamente incorporado pela fábrica de automóveis de Henry Ford (1863-1947). Aumentando a produção sem aumentar o tempo de trabalho dos operários, um novo modelo de divisão na linha de montagem, também conhecido como fordista, prevaleceu até a década de 1970. Henry Ford defendia sobretudo a economia no processo de montagem para conseguir reduzir o preço de suas mercadorias. Foi um visionário que também influenciou o modo de vender seu produto, entendendo profundamente a demanda humana. A ele é creditada a famosa frase: "Se eu tivesse perguntado às pessoas o que elas queriam, elas teriam dito: cavalos mais rápidos".

Pode-se argumentar que Ford levou em conta o ponto de vista do consumidor, preocupando-se em proporcionar mobilidade rápida e acessível ao bolso. Mas essa foi somente a demanda racional que ele supriu. O criador da marca também entendeu a demanda emocional de construir a imagem do carro como símbolo de sucesso da família americana próspera e feliz. A mágica estava em entender que a equação de valor ia além do produto. Era o aspiracional do sonho que estava em jogo. A partir daí, as marcas começaram a investir na criação de identidades visuais, símbolos, logotipos e slogans mais do que no produto. A ideia era transmitir ao público uma imagem clara e positiva, associando as marcas a atributos e significados aspiracionais. Assim, vemos o impacto disso na história do branding, que passa a entender o poder do significado emocional do produto, capaz de criar o desejo pela marca.

De uma fábrica de sabão à maior casa de marca do mundo

Outro caso emblemático é a clássica história da Procter & Gamble,[26] que começa em 1837 quando dois cunhados, William Procter e James Gamble, abrem uma fábrica de velas e sabão nos EUA. Alguns anos depois, em 1879, a dupla fez uma revolução ao

---

26 O QUE é P&G? Disponível em: https://br.pg.com/o-que-e-pg/. Acesso em: 31 out. 2023.

lançar um sabão superbranco – uma inovação para a época. A ideia era nomear o produto de Sabão Branco, quando Harley Procter, filho de um dos fundadores da marca, pediu que testassem uma nova estratégia.

Harley queria nomear o novo produto de uma maneira mais inspiradora, *Ivory Soap* (sabão de marfim), em vez do original *White Soap* (sabão branco), e pediu mais recursos para investir em comunicação. Seu pai, como um bom homem de negócios, pediu a ele que testasse ambas as marcas para avaliar qual teria mais aderência junto aos consumidores. Um ano depois, o *Ivory Soap* tinha vendido 400% a mais que o primeiro. Bingo! Eis o exemplo de estratégia comprovadamente certa, não só de criação de um nome mais marcante para um produto, mas também de maior investimento em comunicação. Aliás, é interessante notar aqui a alternativa de testar, entender o que tem mais resultado e implementar o que o consumidor valoriza mais.

O caso do *Ivory Soap* abriu caminho para novas estratégias de divulgação, patrocinando programas de rádio para as donas de casa escutarem enquanto cuidavam dos filhos. Em 1950, com a invenção da televisão, a marca migrou para o que nos EUA foi batizado de *Soap Opera* (como são chamadas até hoje as novelas americanas). Sempre visionária e inovadora, a P&G investiu em uma empresa de produção de conteúdo, inaugurando, assim, a chamada "Era do Merchandising", baseado na presença de seus produtos em conteúdos de entretenimento. Assim nasceu o que hoje é uma tendência cada vez mais forte de criar relacionamentos emocionais com as marcas. Uma espécie de filme da Barbie, o fenômeno de 2023, de algumas décadas atrás.

O marketing dita as regras no século XX

A formalização desse conhecimento, no entanto, só começa a aparecer especificamente em 1913, quando surge a primeira publicação sobre esse assunto no mundo: o livro *Advertising and selling*,[27] escrito por Harry Hollingworth. Esse é o nascimento do Marketing, tão essencial para a gestão das organizações no século XX. Foi formalizada principalmente por Philip Kotler, chamada disciplina Quatro P: Produto, que você oferece de tangível de *features*, design e qualidade; Preço, a definição do valor cobrado para consumidor; Praça, definição de distribuição e canais; e Promoção, todos os esforços de comunicação para a venda.

Outro marco da história do branding foi o surgimento dos primeiros supermercados em Long Island, nos Estados Unidos, na década de 1930. Hoje absolutamente comuns, esses centros de comércio revolucionaram o conceito de compras ao reunir, em um único local, uma ampla oferta de produtos vendidos em grande escala. Esse modelo de varejo se expandiu rapidamente, tornando-se uma tendência global e causando um impacto profundo na indústria e nos hábitos de consumo em todo o mundo. Sua grande contribuição, assim como da precursora P&G, foi o desenvolvimento de técnicas e metodologia para influenciar a decisão de compra nos pontos de venda.

Exemplos como da ford e da P&G deram início ao que ficou conhecido como marketing emocional, propaganda com enfoque nas pessoas e em suas necessidades emocionais. Sabemos com dados de pesquisa que 95% das decisões de compra são emocionais. É como indaga Gerald Zaltman, professor da Harvard Business School, no título do seu livro traduzido para o português: *Afinal, o que os clientes querem?*[28]

Os esforços de campanhas publicitárias para desenvolver emoções positivas em seu público passam a priorizar as necessidades de identificação e pertencimento nas grandes engrenagens do marketing. Adeptas do modelo *brand-driven business*, as organizações

---

27 HOLLINGWORTH, H. L. **Advertising and selling:** principles of appeal and response. [S.l.]: Createspace Independent Publishing Platform, 2011.

28 ZALTMAN, G. **Afinal, o que os clientes querem?** Rio de Janeiro: Elsevier, 2003.

passam a focar a gestão de marcas capazes de se conectar com desejos e sonhos de seus consumidores.

O engajamento social começa a mudar a atitude empresarial

Continuando nosso sobrevoo sobre os momentos marcantes da história do Marketing, vamos analisar a jornada que nasceu do sonho de criar a marca de esporte mais valiosa do planeta. Liderado por seu então CEO Phil Knight, foi realizado um forte trabalho de rebranding, dezoito anos depois do início da empresa, renomeando-a para Nike,[29] nome dado em alusão à deusa grega da Vitória – seguramente um nome cheio de significado. Dois anos depois da nova marca, em 1980 ela abriu capital lançando suas ações na bolsa de Nova York. Foi aí que começou a sua trajetória de grandes conquistas e crescimento – não sem alguns percalços no caminho, claro –, para se tornar a maior marca global de esportes, desejada em mais de 170 países que a reconhecem como símbolo de vitória.

Perseguindo o seu sonho, Phil Knight fez um movimento corajoso para sair da cola dos seus grandes concorrentes, Adidas e Puma. Sempre desenvolvendo produtos inovadores com foco nos atletas, a Nike lançou em 1985 o primeiro tênis com o nome do jogador de basquete Michael Jordan. Todos os ingredientes de sucesso foram pensados: o tênis de design único seria vermelho (burlando a regra do esporte que não autorizava cores na quadra), e daria origem a uma submarca da linha, a Air Jordan. Além disso, o modelo de receita das vendas seria compartilhado entre o atleta e a Nike – o que abriu um precedente histórico para esse modo de patrocínio. Uma inovação arriscada para quem precisaria dividir todos os dividendos com o atleta que, impulsionado pela campanha

---

29 AIR: a história por trás do logo. Direção: Ben Affleck. EUA: Mandalay Pictures, Skydance Productions, Amazon Studios, 2023. (112 min.)

58 • A (R)EVOLUÇÃO DO BRANDING

e por seu extraordinário espírito, se tornaria o maior ídolo do esporte global.

Na década de 1990, a empresa fez outro movimento bastante ousado com a criação da Nike Store, que veio a ser a meca da experiência de marca. Nessa época, em Nova York, extensas filas eram formadas para visitação da loja. Um enorme sucesso. Essa iniciativa foi ao mesmo tempo inovadora e arrebatadora, oferecendo aos consumidores a chance de conhecer os atletas e as linhas de produtos variados. As lojas Niketown foram projetadas para criar esse ambiente estimulante, com espaços temáticos, exposições interativas e eventos esportivos, permitindo que os clientes vivenciassem a marca. Nascia ali a ideia do *concept store*, depois tão difundida no mercado, para criar uma experiência completa da marca no varejo.

Até que, em certo momento, sua escalada de valor sofreu um baque repentino: surgiram contra a marca diversas acusações de trabalho escravo na Ásia, por toda a imprensa americana, o que levou a um grande boicote dos consumidores. A primeira reação da empresa foi terceirizar o problema, alegando que as fábricas não estavam sob sua responsabilidade e que a Nike fazia somente a gestão da marca (100% *brand-driven business*). Essa resposta, porém, repercutiu negativamente, e a Nike perdeu valor de mercado e a admiração dos consumidores. A marca precisou revisar todo o seu modelo de negócio e assumir que, sim, ela era responsável pelo ecossistema da sua produção.

Assumindo nova postura, seus negócios voltaram a crescer, sempre com foco na ideia de que "Em cada corpo tem um atleta" e com uma narrativa que parte da tagline é usada há mais de trinta anos, "Just do it".[30] Uma aula de como evoluir respondendo às novas demandas da sociedade, já que a mudança de foco ocorreu justamente

---

30 Criada pela agência de publicidade Wieden+Kennedy em 1988 como parte de uma campanha publicitária da empresa, a tagline "Just do it" significa algo como "simplesmente faça", em tradução livre.

pela conscientização dos consumidores a respeito de questões ambientais e sociais. No mundo contemporâneo, os clientes não estão apenas em busca de produtos ou serviços de qualidade, como acontecia no passado, mas se preocupam também com as práticas éticas e sustentáveis das empresas. Assim podemos compreender a importância de o branding incorporar a premissa do bem-estar social e a transparência em suas práticas de governança.

Quando consideramos os investidores e acionistas de uma determinada empresa, precisamos ter em mente que as práticas de ESG (*Environment, Social and Governance* – Ambiental, Social e Governança, em português) influenciam cada vez mais as suas decisões. Sua escolha, no fim das contas, vai ter como critério o engajamento da empresa com questões ambientais, sociais e de governança. E, nesse aspecto, marcas que demonstram compromisso com a sustentabilidade e a responsabilidade social tendem a atrair talentos jovens, mais investimentos e a se destacar no mercado. O mundo mudou bastante, felizmente.

A Revolução Digital e o foco da Era do Serviço

Como já dito aqui, outra grande mudança ocorre justamente quando a tecnologia começa de fato a impactar todo e qualquer negócio ou vida neste planeta. Conhecida como Revolução Digital, essa fase marcou uma transformação profunda nos negócios, trazendo consigo uma era de avanços tecnológicos sem precedentes. Desenrolou-se no final do século XX, e ainda estamos entendendo a dimensão dessa revolução. Alguns se arriscam a dizer que continuamos agindo como homens paleolíticos com reações similares ao medo do ataque de leões, nosso instinto de sobrevivência; que nossas leis ainda lembram a Era Medieval e que a tecnologia já é um futuro tão avançado que não podemos entender o impacto por ora. Sabemos que estamos pagando um preço por esse descompasso.

Em 1992, assisti ao Bill Clinton na televisão americana anunciando que os EUA passariam a ter uma rede que conectaria o país inteiro, uma rede invisível, uma rede digital hoje famosa pelas inicias www – *world wide web*: a internet. Aquela mensagem foi quase tão impactante para o mundo quanto o homem pisando na lua. Um passo fundamental para toda a humanidade, que também empoderou consumidores, afinal, a partir dali, elogios e sobretudo as críticas à determinada marca poderiam ser compartilhadas em segundos.

Mas as inovações seguem em ritmo acelerado, transformando constantemente como vivemos e fazemos negócios. O comércio eletrônico revolucionou a maneira como as pessoas fazem compras. A empresa emblemática que fez o e-commerce virar realidade foi a Amazon. Fundada por Jeff Bezos no ano de 1994, em Seattle, essa organização nasceu com o propósito de proporcionar a melhor experiência de compra. Perseguindo esse objetivo, Bezos criou e patenteou a primeira grande inovação em 1997: "um clique", permitindo que seu usuário fizesse sua compra literalmente com um toque de tecla.

Logo em 2000, a empresa evolui seu modelo de negócio de venda de livros para se tornar um marketplace. Enquanto trazia mais clientes para os pequenos varejistas, a companhia ganhava uma comissão sobre as vendas. É um modelo que continua em ascensão e é utilizado por varejistas no Brasil e no mundo, passando a fazer parte da nova economia de ecossistema em torno de uma organização.

As inovações não param. Em 2005 é lançada a Amazon Prime, oferecendo serviços e vantagens para que seus consumidores se mantivessem fiéis, gerando receitas recorrentes de assinatura. A expansão de novos serviços continua e nasce o serviço de streaming Prime Video. Impressionante também notar o crescimento dos serviços de Cloud AWS com receita de 80 bilhões de dólares em 2022, deixando uma boa margem de lucro, pois se utiliza de uma oferta com a capacidade já instalada.

Resultado: segundo dados da Brand Finance, em 2023 a Amazon se tornou uma das marcas mais valiosas do mundo, com valor de marca em 299,3 bilhões de dólares, além de estar bem posicionada para o consumidor final (B2C) e para empresas (B2B). Algumas lições que podemos tirar dessa gigante: foco no consumidor lhe possibilita sempre expandir sua oferta buscando o que todas as organizações desejam: receitas recorrentes e participação em vários momentos na vida do consumidor para se tornar indispensável. A construção de um ecossistema gigante, trazendo pequenos varejistas para ampliar suas vendas, também se mostrou uma estratégia vencedora, sempre mantendo foco na marca Amazon. Interessante notar que ser uma empresa B2B2C paga bons dividendos.

As redes sociais e o maior tsunami da história da comunicação

O nascimento das redes sociais também teve um impacto expressivo na maneira como as pessoas se relacionam, tornando-se o principal meio de comunicação da atualidade, permitindo que as empresas estabelecessem uma relação mais próxima e autêntica com seus clientes. Assim, vimos o mercado de comunicação sofrer o maior terremoto da sua história, e com certeza as forças e os orçamentos mudaram de mãos, colocando várias indústrias sob ameaça, como os grupos de mídia, o mercado publicitário e tudo que girava em torno de comunicação off-line.

Em 2023, 1/3 de cada dólar investido em comunicação vai para as redes sociais. De modo geral, 4,5 bilhões de pessoas acessam as mídias sociais diariamente. O advento do celular exigiu que as organizações pensassem o *mobily first* (privilegiar o acesso pelo celular) como regra, mas o acesso por computador ainda é responsável por 2/3 das conexões, segundo estudo da We Are Social. Dados mostram que 1/1000 pessoas só tem uma rede social, e que nenhuma das opções concentra mais de 2% da audiência.[31] Logo, a presença em diferentes redes é muito importante para a sua comunicação, já que a maioria das pessoas tem mais de uma rede, entre LinkedIn, Facebook, Instagram, TikTok etc.

No contexto do Brasil, temos uma população superconectada. Os brasileiros são destaque mundial em acesso à internet. A população

---

[31] THE CHANGING world of digital in 2023. **We Are Social**, 26 jan. 2023. Disponível em: https://wearesocial. com/uk/blog/2023/01/the-changing-world-of-digital-in-2023/. Acesso em: 21 out. 2023.

brasileira tem mais celular do que habitantes. Somos o segundo país do mundo com a maior média de tempo gasto nas redes sociais: 5h19m diárias.[32] Outro dado curioso: o Brasil é o país que tem maior investimento em marketing de influência do mundo. A pesquisa feita pela empresa de informação Nielsen Media Research mostrou que o país possui cerca de 500 mil influenciadores digitais, sendo o Instagram o aplicativo mais usado para e-commerce e pesquisa sobre as marcas.[33] Logo, navegar por esse mundo de possibilidades sem ter a clareza do seu branding pode ser uma bomba-relógio.

O incrível mundo da inteligência supra-humana

Não faz tanto tempo que o mundo se viu às voltas com uma nova tecnologia que tem despertado reações bastante variadas. De repente, protestos e abaixo-assinados começaram a clamar pela interrupção de seu desenvolvimento, emulando os clássicos filmes estrelados por Arnold Schwarzenegger no papel de *O exterminador do futuro*.[34] Esse roteiro, no fim das contas, não poderia ser diferente: bem diante de nossos olhos, apesar de já utilizarmos há algum tempo, o ano de 2022 foi marco para a Inteligência Artificial, que virou uma ferramenta disponível para todas as pessoas e todos os negócios.

Com o lançamento do Chat GPT, abre-se um novo precedente na era tecnológica. Essa nova ferramenta de Inteligência Artificial (IA) vai mais uma vez colocar em xeque muitas situações que até

---

32 TEIXEIRA, E. Brasil é o 2º país com maior tempo de tela, diz pesquisa. **Poder 360**, 23 abr. 2023. Disponível em: https://www.poder360.com.br/tecnologia/brasil-e-o-2o-pais-com-maior-tempo-de-tela-diz-pesquisa. Acesso em: 21 out. 2023.

33 BRASIL é o maior mercado do mundo em marketing de influência. **Acontecendo Aqui**, 9 ago. 2022. Disponível em: https://acontecendoaqui.com.br/marketing/brasil-e-o-maior-mercado-do-mundo-em-marketing-de-influencia/. Acesso em: 21 out. 2023.

34 O EXTERMINADOR do futuro. Direção: James Cameron. EUA: Hemdale Film Corporation, Pacific Western, Cinema 84, 1985. (107 min.)

então eram dadas como impossíveis, como criar uma inteligência de máquina mais poderosa do que o cérebro humano. O historiador Yuval Harari traz uma reflexão impactante sobre esse tema. Para o pensador, se os humanos subjugaram os animais por serem mais inteligentes, nós poderemos ser subjugados pela IA.[35] Vamos trabalhar para que isso não aconteça.

Para as organizações, as aplicações dessa nova tecnologia são diversas (e só aumentam a cada dia): desde utilizá-la para aprimorar a experiência do cliente, prever tendências de mercado e até mesmo para tomar decisões estratégicas mais efetivas. Muitos dos serviços que usamos hoje já são fruto da IA, e provocam discussões sobre questões éticas variadas sobre poder criativo, direitos autorais e produção. Mas esse é só o começo. Especialistas ainda estudam uma maneira de controlar o uso da IA por leis e regras quando, na verdade, abre-se agora uma era da humanidade que não sabemos ao certo no que vai dar.

O mundo ficou mais complexo e dinâmico, um caminho que sabemos não ter mais volta. E nesse ambiente marcado por inovações tecnológicas surgindo a todo instante e alterando por completo a maneira de nos relacionarmos com o mundo e com o outro é comum haver dúvidas sobre qual seria o papel do marketing e do branding. As fronteiras dessas disciplinas existem, e embora sejam complementares, são diferentes de sua essência.

UM PUSH DE CONSCIÊNCIA DO MERCADO FINANCEIRO

Quando trabalhamos no branding de uma organização e entendemos a perspectiva da cadeira de CEO, compreendemos como as novas demandas influenciaram a maneira de fazer negócios e o modelo do

---

35 GALINDO, C. Yuval Noah Harari, autor de 'Sapiens': "A tecnologia permitirá 'hackear' seres humanos". **El País**, 26 ago 2018. Disponível em: https://brasil.elpais.com/brasil/2018/08/20/eps/1534781175_639404. html. Acesso em: 21 out. 2023.

capitalismo vigente. Desde a sua origem, o capitalismo foi orientado para beneficiar acionistas, buscando maximizar o retorno financeiro, muitas vezes focando os resultados de curto prazo. Com essa visão em franca transformação, empresas estão incluindo cada vez mais em suas estratégias os interesses de todos os stakeholders envolvidos, que passaram a valorizar não apenas o retorno financeiro, mas também o impacto positivo das marcas nas pessoas e no próprio planeta.

Com questões originárias da industrialização, como o consumismo crescente dos últimos cem anos, enfrentamos desafios assustadores para o planeta. Mudanças climáticas, extinção de espécies de animais, perda da biodiversidade, excesso de lixo, poluição e até o que já podemos considerar como uma das crises de saúde globais mais sérias já enfrentada pela humanidade: a pandemia de covid-19. Esse ponto a que chegamos como coletivo colocou a humanidade sob risco, e nos fez entender que algumas engrenagens precisam ser repensadas. Assim, a máxima do crescimento a qualquer preço está, na verdade, tendo um custo alto para a sociedade. Precisamos redirecionar nossos esforços em gerar valor para todos os stakeholders e na preservação do planeta.

Sob esse prisma, aquele que talvez tenha sido o pioneiro dessa visão estratégica no mercado financeiro é Larry Fink, CEO da BlackRock, uma das maiores gestoras de ativos do mundo,[36] que tem sob sua gestão mais de 10 trilhões de dólares, e cuja prática inovou e influenciou o mercado ao adotar uma abordagem mais consciente e sustentável em seus investimentos. Sua carta anual aos acionistas é sempre muito aguardada. Na mensagem de 2019, ele afirmou de modo assertivo que propósito e lucro são indissociáveis, impulsionando um novo capitalismo.

Larry Fink observa que empresas como a BlackRock têm papel estruturante do ecossistema, começando com o envolvimento dos

---

36 Vale a pena conhecer um pouco mais sobre o trabalho inovador dessa gestora de investimentos no site: https://www.blackrock.com/br. Acesso em: 29 out. 2023.

colaboradores, passando pelos consumidores, acionistas e por toda a comunidade em que ela está inserida. Seu impacto foi tão grande que gerou uma retaliação de conservadores americanos contra essa postura considerada "politicamente correta demais". Entretanto, apesar das possíveis contradições e oposições a essa postura *woke* – termo denominado pelo excesso de cuidado com questões de diversidade e sustentabilidade –, sabemos que o *backlash* faz parte da dinâmica de evolução da sociedade.

Uma nova perspectiva de capitalismo, mais centrada nos stakeholders e com enfoque no propósito de impacto positivo na sociedade, está mudando a maneira como as empresas são avaliadas e como os investimentos são feitos. A BlackRock tem liderado essa mudança de mentalidade no mercado financeiro. Para receber o apoio dessa gigante de investimentos, as empresas precisam demonstrar como estão contribuindo positivamente para a sociedade, abordando questões como mudanças climáticas, diversidade e inclusão, governança corporativa e ética nos negócios. É uma mudança e tanto.

O NOVO MARCO PARA AS ORGANIZAÇÕES – CAPITALISMO CONSCIENTE

Organizações que impulsionam os negócios nessa direção também ganharam reforço com o movimento do Capitalismo Consciente.[37] Esse movimento é encabeçado por empresas como Patagônia, Whole Foods, entre outras – organizações que entenderam as novas dinâmicas da economia circular, do consumo responsável e da geração de valor para toda a sociedade.

Podemos considerar a Patagônia uma empresa ativista. Seu fundador, Yvon Chouinard, criou uma das marcas mais desejadas de esporte ao ar livre e com pilares ambientais muito arraigados. Seu último movimento foi bastante ousado. Ele definiu que a empresa teria um único acionista: o planeta Terra. Todo o lucro gerado

---

37 MACKEY, J.; SISODIA, R. **Capitalismo consciente**. Rio de Janeiro: Alta Books, 2018.

é direcionado para questões climáticas. Um movimento muito coerente com sua visão de mundo.[38]

Cada vez mais os líderes executivos precisam se concentrar no desenvolvimento sustentável da organização, pautado por novos princípios como orientação ao cliente, sustentabilidade, resposta às demandas de ESG, transformação digital, agilidade e inovação contínua. Um bom exemplo a seguir é o de John Mackey, fundador e co-CEO da empresa Whole Foods Market, maior rede de supermercado de comida orgânica dos EUA, e um dos fundadores do Movimento Capitalismo Consciente. Outro exemplo inspirador é o de Raj Sisodia, PhD em Marketing pela Columbia University. Em 2003, Sisodia foi citado como um dos cinquenta principais estudiosos da disciplina. Ambos são executivos de trajetória emblemática, que mostraram como evoluir os negócios sobre outras bases além do puro e simples crescimento econômico. Mas não é apenas no ambiente estrangeiro que as marcas demonstram preocupação com seu impacto no mundo.

NATURA: MARCA PIONEIRA NO BRASIL EM ABRAÇAR O PROPÓSITO

No Brasil, temos o exemplo da Natura,[39] que foi a primeira empresa no país a adotar o propósito muito claro de "bem estar bem" – exatamente com essa repetição de palavras –, com ênfase no relacionamento sustentável entre as pessoas e a natureza. De modo pioneiro, desde o seu início, em 1969, essa organização esteve comprometida com a sustentabilidade em todas as suas operações, buscando constantemente maneiras de reduzir seu

---

38 PATAGONIA nunca foi uma empresa como as outras, muito antes de ser 'doada' para o Planeta. **GQ**, 15 set. 2022. Disponível em: https://gq.globo.com/um-so-planeta/noticia/2022/09/patagonia-nunca-foi-uma-empresa-como-outras-muito-antes-de-ser-doada-para-o-planeta.ghtml. Acesso em: 16 out. 2023.

39 Para conhecer melhor esse caso, acesse o endereço: https://www.anacouto.com.br/cases/tododia-natura/. Acesso em: 29 out. 2023.

impacto ambiental e promover a responsabilidade social corporativa. Com essa visão consistente de futuro, ela se tornou a maior multinacional brasileira de cosméticos e, depois da aquisição da Avon, em 2020, acabou criando o quarto maior grupo do mundo do segmento de beleza. No mesmo ano, seu engajamento com práticas de ESG a conduziu ao compromisso com a Visão 2030, uma série de ações direcionadas a questões como a crise climática, a proteção à Amazônia e a garantia de salários dignos para a força de trabalho, um movimento feito junto com o Pacto Global.[40] Essa visão de comprometimento com um impacto positivo no mundo, alinhada ao contexto em que a marca está inserida, é a grande responsável pelo sucesso que a Natura vem experimentando.

Todos esses exemplos só reforçam como é possível prosperar economicamente promovendo uma cultura que respeita tanto as pessoas quanto a natureza. As empresas que se deram conta dessa mudança já saíram na frente ao incluir no seu propósito o compromisso com a responsabilidade social e ambiental a longo prazo. E, nesse sentido, a Natura é uma inspiração para as marcas brasileiras.

TAKE AWAYS – CAPÍTULO 2

- Evolução humana desde a Pré-História busca dar significado aos artefatos e à essência do branding.
- O olhar antropológico do branding está em entender e dialogar com significados nas diferentes culturas.

---

40 O Movimento Salário Digno, ligado à Plataforma de Ação pelos Direitos Humanos do Pacto Global, propõe que as empresas assegurem que todos os seus colaboradores, sejam eles da equipe interna, contratados ou terceirizados, recebam um salário que garanta dignidade. Além disso, o movimento incentiva a engajar toda a cadeia de fornecimento na definição de metas relacionadas ao salário digno, um elemento fundamental para promover a garantia de condições que permitam a trabalhadores, suas famílias e comunidades viverem com integridade e desfrutarem de um padrão de vida decente. Esse movimento pode ser conferido em: https://www.pactoglobal.org.br/. Acesso em: 29 out. 2023.

68 • A (R)EVOLUÇÃO DO BRANDING

- O branding se desenvolveu como disciplina a partir de ciclos econômicos da humanidade, mas foi impulsionado com Revolução Industrial.
- Criar desejo emocional pela marca é apostar na fidelização do consumidor.
- Assumir responsabilidade pelo ecossistema faz parte da construção de valor.
- A Era Digital impõe novas demandas no modo de comunicação. É preciso ter um ponto de vista.
- A Inteligência Artificial abre novo precedente na era da humanidade.
- O capitalismo evolui suas premissas respondendo aos stakeholders (todos os públicos de interesse da marca), e não somente a shareholders (acionistas).
- O mercado financeiro precifica bem o valor das empresas a partir da coerência entre atitudes e valores.
- ESG responde às mudanças climáticas, na diversidade, na inclusão e na governança corporativa dos negócios. Passa a ser credencial, e não diferencial para estar no jogo.

Marcas que demonstram compromisso com a sustentabilidade e a responsabilidade social tendem a atrair talentos jovens, mais investimentos e a se destacar no mercado.

A (R)EVOLUÇÃO DO BRANDING

3

Como o Brasil pode usufruir do "branding Brasil"?

Ao longo das últimas décadas, eu e a equipe da agência Ana Couto tivemos a oportunidade de colaborar com muitas marcas brasileiras e, por isso mesmo, sabemos que ainda há muito valor a ser destravado tanto pelas organizações quanto pela nossa nação. O mundo inteiro tem expectativas sobre o Brasil, e há muito tempo vemos previsões sobre o futuro do país como uma grande potência global. Mas será que esse futuro nunca chegará? Seremos para sempre a criança prodígio que nunca cresce? Se estamos entre as maiores economias do mundo, não parece inaceitável que não haja nenhuma marca brasileira entre as cem maiores do mundo? Em contextos intensos, precisamos ser mais intencionais.

Nós, brasileiros, já identificamos a criatividade como um ativo valioso de nossa identidade e nosso diferencial. Mas será que ela não deveria estar presente de modo mais intencional nos incentivos públicos e privados para influenciarmos o contexto global de negócios? Com tantos problemas complexos a serem resolvidos no Brasil e no mundo, não deveríamos investir mais na nossa capacidade criativa para encontrar soluções que ninguém mais enxerga?

O tempo segue seu curso, e ainda carecemos de um consenso coletivo acerca do nosso valor e do caminho para desvendar nosso potencial. Essa inquietação permeia a cultura da nossa agência, direcionando nossos projetos e nossas conversas. Nos últimos anos, estabelecemos diálogos construtivos e questionadores sobre esse tema, trazendo executivos, cientistas, artistas e antropólogos para contribuir com a discussão. Buscamos entender as maiores aptidões do Brasil, o que nos distingue no cenário global e quais obstáculos nos impedem de atingir patamares mais elevados.

Entre todas as iniciativas, a mais abrangente e detalhada foi o estudo Branding Brasil, lançado em 2022. Esse projeto dedicou-se a analisar a percepção dos brasileiros sobre o Brasil e o valor que o país gera como marca.

O branding ajuda a decodificar valor, a entender as principais associações e o universo simbólico de uma marca; além de identificar o que precisa ser priorizado para alcançar objetivos. Um processo investigativo e questionador permite a realização de um diagnóstico que identifica impulsionadores, detratores e aceleradores de uma organização.

A pesquisa Branding Brasil surge dessa ótica e da nossa metodologia proprietária. Assim como fazemos em todos os nossos projetos sobre a relação da empresa com seus stakeholders, o ponto de partida foi um diagnóstico, uma investigação completa da relação do brasileiro com o Brasil.

Para isso, realizamos um estudo quantitativo com 2.500 respondentes das mais diversas camadas sociais, idades e gêneros.[41] Rodamos a pesquisa a partir dos insumos de grupos focais que fizemos por região e do *listening* das redes sociais dos últimos dois anos. A partir do método desenvolvido pela própria agência, usamos a ferramenta do Valometry para coletar os dados. Os resultados nos surpreenderam e foram essenciais para entender melhor como se comporta o público brasileiro.

Com esses dados em mãos, disponibilizados gratuitamente em nosso site, pudemos tirar algumas lições importantes para entendermos os reais motivos por trás do desempenho das marcas nacionais e como superar esses obstáculos. Nossa intuição nos dizia que, ao reconhecer as necessidades e os desejos dos brasileiros, poderíamos traçar estratégias mais adequadas para a construção de valor de uma organização e – quem sabe – do país.

Graças ao esforço conjunto de uma competente equipe, que contava com antropólogos, estatísticos e diversos outros profissionais, o lançamento desse estudo trouxe diferentes perspectivas sobre as possibilidades de futuro para marcas brasileiras. A partir dessa colaboração entre diversas áreas de conhecimento, a pesquisa ganhou uma abordagem abrangente e enriquecedora,

---

41 Para conhecer essa pesquisa, feita com o objetivo de compreender mais profundamente o mercado nacional, basta acessar: https://www.anacouto.com.br/brandingbrasil/. Acesso em: 29 out. 2023.

permitindo-nos ir além dos aspectos superficiais e compreender melhor a nossa própria sociedade.

O BRASIL PRECISA REDESCOBRIR O BRASIL

A partir da pesquisa Branding Brasil, compreendemos como o país é percebido de modo ambíguo por sua própria população, que sustenta percepções antagônicas em relação ao país. Identificamos, por exemplo, que há uma percepção negativa sobre o Brasil quando estão em pauta assuntos como economia, política, desigualdades sociais e desafios estruturais, ao passo que notamos avaliações positivas no que diz respeito a aspectos mais subjetivos que, em teoria, seriam definidores da identidade brasileira. No processo, ouvimos por várias vezes que "O melhor do Brasil é o brasileiro" e uma ênfase muito orgulhosa sobre a riqueza da nossa diversidade cultural, do potencial que o povo brasileiro possui e dos nossos principais atributos de personalidade.

Entendendo esse contexto, com clareza do que impulsiona e do que nos faz perder valor, podemos direcionar esforços para agir de maneira mais propositiva e intencional. Compreender essas percepções ambivalentes que o brasileiro nutre em relação à própria terra natal e à própria identidade nos habilita, em primeiro lugar, a decifrar como a população brasileira se comporta. Isso inclui reconhecer os aspectos culturais e históricos que moldam a identidade nacional, assim como compreender as aspirações e os desafios que o contexto atual produz. Em segundo lugar, com base nesses dados, podemos delinear estratégias que nos preparem para enfrentar os desafios do "Brasil Moderno", buscando sempre construir uma conexão sólida e positiva com o mercado e o público em geral.

O estudo mostra que, entre as razões que justificam esse sentimento de frustração em relação ao potencial do Brasil: 54% dos brasileiros acreditam que somos um país isolado e 52% apostam que o Brasil não se desenvolve porque muda sempre de rumo. E, ainda, 51% acham que os brasileiros gastam muito tempo brigando entre si.

74 • A (R)EVOLUÇÃO DO BRANDING

Entre as diversas surpresas que tivemos com o resultado dessa pesquisa, há um interessante contraste entre as gerações mais velhas e mais novas quando se trata da percepção do Brasil. Os jovens, em sua maioria, apresentam uma visão mais pessimista e desvinculada emocionalmente do país. Em números absolutos, nesse grupo de pessoas mais novas, com idades que variam entre 16 e 20 anos, os resultados são claros: 44% dos jovens, em contraste com 31% dos brasileiros com mais de 55 anos não se identificam com o Brasil. Entre esses mesmos jovens, 55% preferiam morar em outro país se pudessem, mas somente 35% dos mais velhos gostariam de sair do país. Além disso, 56% dos jovens acreditam que o Brasil não é o lugar ideal para viver, o que reforça uma preocupante desconexão dessa geração à nação.

Essa divergência de perspectivas pode ser atribuída a uma série de fatores socioeconômicos, históricos, culturais e ideológicos que influenciam o modo como cada geração enxerga o Brasil. Como consequência, essa diferença pode ter contribuído significativamente para a polarização nas opiniões sobre as mudanças ocorridas no Brasil nos últimos dez anos, com divergências expressivas em relação a temas como "desunião", "desgosto" e "intolerância". Claro que esses extremismos geram um cenário complexo de discussões e debates em torno dos rumos do país. Mas isso seria assunto para outro livro.

A partir da pesquisa, percebemos também a importância das marcas e dos símbolos na construção de valor da nação, principalmente quando inseridas nesse contexto tão desafiador. Os símbolos que mais foram mencionados refletem a identidade do povo brasileiro e projetam imagens tanto internamente quanto para além das fronteiras do país. Nossas principais referências para os brasileiros foram a natureza de cartões-postais como o Rio de Janeiro e Amazônia, e as manifestações da cultura popular de festas, tendo o futebol em destaque. Quando exploramos a ideia de qual personalidade representa mais o Brasil, as três mais mencionadas foram: Pelé, Anitta e Neymar. Interessante notar que nossa imagem é representada por três expoentes que conseguiram, independentemente da adversidades, alcançar reconhecimento global por meio do próprio talento.

A SAUDADE DA AMARELINHA E OUTROS SÍMBOLOS "BRAZUCAS"

Apesar das divergências internas de opinião, identificamos um sentimento que ecoa na cabeça e no coração de muitos brasileiros: a saudade de utilizar no cotidiano seus símbolos pátrios de modo desvinculado da política, como a camiseta da Seleção Brasileira de Futebol ou a nossa bandeira. De modo mais específico, 73% veem "união" na nossa bandeira e 60% veem "futuro" e "esperança". O mesmo acontece quando a pergunta é sobre a camisa da Seleção: 65% afirmam que ela representa "união", 60% "futuro" e 61% "esperança". Esses elementos simbólicos, carregados de valores culturais e históricos, acabam exercendo um papel unificador da população, evocando sentimentos de identidade e pertencimento à nação.

Em paralelo ao desejo de desvincular o caráter político e ideológico que esses símbolos e valores carregam nos últimos anos, percebemos que o país vive um momento fascinante e intenso para a brasilidade. Acompanhamos cotidianamente o resgate e a reinterpretação de elementos que refletem a identidade e o orgulho da nossa nação. É nesse sentido que podemos entender outros dados levantados pela pesquisa: ao analisar os atributos de personalidade do povo brasileiro, a própria população destaca como elementos marcantes a nossa festividade (59%), alegria (58%) e acolhimento (55%). É importante observar, porém, que a percepção desses atributos pode variar de acordo com o contexto social e econômico de cada indivíduo.

A pesquisa mostra que há uma espécie de correlação entre instrução acadêmica e classe social e a maneira como os elementos ligados à identidade brasileira são reconhecidos. Os dados nos mostraram que pessoas com escolaridade e renda maiores tendem a associar mais atributos positivos ao Brasil, enquanto aqueles com menor escolaridade e de classes menos favorecidas têm uma percepção mais negativa. E sem nenhuma surpresa observamos também que a imagem do "brasileiro alegre e festeiro" é expressa especialmente em encontros onde a arte se torna um meio de expressão – o que corrobora com a ideia de que a arte é um importante instrumento para os brasileiros compartilharem suas emoções.

Outros aspectos merecem nossa atenção quando tentamos compreender as causas para os problemas que apresentei nos capítulos anteriores. Uma dessas questões se refere ao fato de não haver um reconhecimento dos nossos potenciais, como é o caso da Amazônia, símbolo da nação. Sob essa ótica, reconhecer esse imenso mundo verde como vantagem competitiva do Branding do Brasil pode ser uma poderosa fonte de desenvolvimento mais sustentável para o país. Essa abordagem tem um papel especial porque permite que os atributos únicos da Amazônia e das demais regiões verdes do Brasil sejam valorizados e compartilhados, estabelecendo uma conexão relevante e impactante com o planeta.

O PROTECIONISMO E A BAIXA COMPETITIVIDADE: MALES DESNECESSÁRIOS

Quando pensamos nas causas para os problemas que as marcas brasileiras enfrentam atualmente, podemos encontrar algumas respostas olhando para o passado do país e a maneira como lidávamos com a administração e regulação do mercado algumas décadas atrás. Nesse sentido, um aspecto que está longe de ser trivial se refere ao fato de a economia do Brasil ter sido protecionista por muitos anos, limitando o acesso a mercados internacionais e reduzindo a competição.

Esse cenário gerou um ambiente bastante propício para empresas que não priorizavam o foco no consumidor. E a razão para isso é simples: a falta de concorrência diminuiu a necessidade de inovação e qualidade dos produtos e serviços oferecidos. Nesse ambiente, o consumidor inevitavelmente acaba em segundo plano, restando a ele poucas opções de escolha e um poder de influência sobre as empresas bastante reduzido.

A ineficácia de serviços públicos e a presença de um Estado excessivamente intervencionista também podem ter contribuído para essa falta de competitividade. Com serviços estatais ainda predominando em diversos segmentos e mudanças de regras em contratos de privatizações, o Brasil ainda traz grande sensação de instabilidade para a iniciativa privada, que se vê em terreno pantanoso, vulnerável a mudanças de rumo para investir e inovar. Mas estamos evoluindo.

Em 1993, ao chegar dos EUA, eu tinha de montar logo a agência, e saí à procura de um equipamento básico para começar o meu negócio: um número de telefone. Naquela época, a telefonia era rudimentar. Precisei comprar três linhas de telefone fixo por 10 mil dólares em dinheiro nos corredores da então Telerj. Nada mais constrangedor do que torrar esse dinheiro do qual eu sabia que nunca mais veria a cor. Pouco tempo depois, em 1998, viriam as privatizações da telefonia que foram fundamentais para termos a economia de hoje com a penetração de 95% de internet móvel. O mesmo resultado, porém, ainda não temos na área de saneamento. Apesar de ter evoluído com o marco recente, 100 milhões de brasileiros não têm rede de esgoto e 35 milhões continuam sem acesso à água potável.

Em contraste, eu já tinha experimentado viver dentro dos padrões da economia dos Estados Unidos, pautada pela concorrência acirrada e pela busca incessante em atender às demandas dos clientes. Os consumidores americanos são tratados como prioridade há muito tempo. Lá, a mentalidade *client first,* que põe o cliente em primeiro lugar, está enraizada na cultura empresarial, o que impulsiona fortemente a inovação, a qualidade dos produtos e a excelência no atendimento.

O resultado é um alto padrão na construção e no posicionamento de marcas que rapidamente se tornam negócios globais. Uma realidade bem diferente do Brasil de algumas décadas atrás. Alinhar essa estratégia é adotar a mentalidade *client first*, um caminho que precisamos seguir nesse desafio de ter marcas fortes para gerar uma economia igualmente forte. Isso, porém, com a nossa própria visão de sociedade, sem partir do princípio que a fórmula de lá cabe para os trópicos.

MIOPIA E INDISCIPLINA: PROBLEMAS CRÔNICOS

Durante esses anos de atuação no mercado nacional, percebi ainda outro fator que aumenta extraordinariamente o *gap* que há quando comparamos o mercado brasileiro com outros mercados internacionais. Falo aqui da falta de planejamento de longo prazo. Muitas vezes, as empresas que não fazem planos de longo prazo acabam priorizando resultados de curto prazo em detrimento de uma visão estratégica de longo alcance. Esse tipo de abordagem geralmente resulta em decisões imediatistas, deixando de colocar na balança os impactos futuros e a sustentabilidade dos negócios.

Essa deficiência não apenas dificulta, mas quase sempre impede um crescimento consistente e a consolidação de uma marca no mercado global, que é dinâmico e altamente competitivo. É por esse motivo que as marcas brasileiras precisam superar a miopia causada por tantos anos de reclusão do mercado nacional e estabelecer propósitos que tenham a intenção de perdurar no tempo, rumo ao infinito. As empresas que se concentram em resultados de curto prazo até podem obter ganhos momentâneos, mas estarão desprotegidas diante das mudanças que ocorrem ao longo do tempo de modo alheio às suas vontades.

Na esteira dessa miopia, temos a falta de disciplina na execução. Um problema bastante comum por aqui. Acontece que, mesmo com um planejamento bem elaborado e que contemple ações no longo prazo, ter uma disciplina rigorosa para colocar essas ações em prática é indiscutível. Não há outro caminho. Sem isso, todo o esforço empregado na elaboração de estratégias pode ser em vão.

As empresas que se concentram em resultados de curto prazo até podem obter ganhos momentâneos, mas estarão desprotegidas diante das mudanças que ocorrem ao longo do tempo.

A (R)EVOLUÇÃO DO BRANDING

Sempre bato nesta tecla: para que o processo de branding dê certo, é imprescindível cultivar a disciplina, e essa não é uma questão apenas corporativa, mas também cultural. A inconsistência na execução pode levar a resultados abaixo do necessário, prejudicando a imagem das marcas e minando a confiança do consumidor. É fundamental que as empresas se comprometam com a execução efetiva das estratégias, monitorando constantemente os resultados e fazendo os ajustes necessários para alcançar os objetivos traçados.

MUDAR A MENTALIDADE PARA VALORIZAÇÃO DOS NOSSOS DIFERENCIAIS

Somos um país cuja cultura reúne influências de todo o mundo em uma grande miscelânea rica e diversificada. E esse movimento de resgate cultural e reavaliação de símbolos e valores pode fortalecer a identidade brasileira e estimular um novo olhar sobre o patrimônio histórico e cultural do nosso país. Vide a devolução do manto Tupinambá ao Museu Nacional.

Aprofundamos essa temática, com as obras muito inspiradoras de Luiz Antônio Simas, historiador brasileiro que tem um olhar bem original sobre brasilidade. Seus livros abordam as contradições e complexidades do Brasil, joga luz sobre vários "tensionamentos" que circundam as nossas vivências, como a disputa entre a regra e a espontaneidade; entre a massificação e a especificidade; entre a violência e a beleza. Como ele disse, "O Brasil é isso: uma rinha, e não há dúvidas de que há um embate entre o Brasil e a brasilidade. Uma vivência que se constrói nas frestas, nas brechas de um projeto de horror, de um projeto colonial, nos sentidos de beleza".[42]

---

42 VERAS, L. "O Brasil é o que me envenena, mas é o que me cura." **Revista Continente**, 1 ago. 2022. Disponível em: https://revistacontinente.com.br/edicoes/260/ro-brasil-e-o-que-me-envenena--mas-e-o-que-me-curar. Acesso em: 25 set. 2023.

Para que o processo de branding dê certo, é imprescindível cultivar a disciplina de alinhar estratégia e execução no dia a dia.

A (R)EVOLUÇÃO DO BRANDING

À medida que a sociedade se torna mais consciente dessas questões relacionadas à nossa história, é possível promover uma maior valorização e respeito pelas culturas nativas e tradicionais do país. Somos constituídos por uma rica trama de origens e influências, sincretismos que, muito mais do que simples mistura de tradições, são a força criadora da história brasileira. Está nos saberes ancestrais, que foram preservados ao longo das gerações, nas escolas de samba e suas batucadas, e em cada manifestação cultural que pulsa em nosso território.

O carnaval, com toda a sua potência, talvez seja o exemplo mais radiante desse contexto: ele é influenciado pelo entorno que o envolve, mas também exerce influência e contribui para moldar novos contextos. A festa popular mantém uma relação delicada com todos esses elementos, porém, é imprescindível não esquecer a dimensão ancestral que constitui sua essência. A luta e a festividade compartilham uma conexão intrínseca. Citando novamente Simas: "O Brasil possível é aquele que o carnaval colocou para nós".[43]

Essa conscientização nos permite enxergar as riquezas que permeiam nossa identidade nacional, reconhecendo a importância das culturas indígenas, afro-brasileiras e de todas as comunidades que contribuíram para moldar a diversidade que nos define. Ao valorizarmos essas raízes, estamos, na verdade, celebrando a essência do Brasil, uma nação que se construiu sobre uma base de pluralidade e resiliência.

Ao revisitar e redescobrir seu universo, as marcas podem recontar suas histórias de maneira mais genuína e autêntica. A incorporação de elementos culturais e históricos sempre gera conexão emocional forte com os consumidores. As empresas com propósito alinhado às tradições e valores brasileiros têm uma oportunidade ímpar de se destacar e prosperar. Ao incorporar essas questões em suas estratégias de branding, podem se posicionar como agentes

---

43 CHAGAS, R. Luiz Antônio Simas sobre o carnaval do Brasil: "A luta e a festa são irmãs". **Brasil de Fato**, 21 fev. 2023. Disponível em: https://www.brasildefato.com.br/2023/02/21/luiz-antonio-simas-sobre-o-carnaval-do-brasil-a-luta-e-a-festa-sao-irmas. Acesso em: 25 set. 2023.

de uma mudança positiva, contribuindo para a construção de uma sociedade mais inclusiva, respeitosa e representativa.

Não à toa, o estudo mostra que as marcas que mais representam o Brasil – Petrobras, Havaianas, Natura, Banco do Brasil e Guaraná Antarctica – se conectam com os brasileiros porque estão alinhadas com a maneira como nos enxergamos – um povo alegre, festeiro, que gosta de estar unido e celebrar, além de valorizar as matérias-primas e origens brasileiras. Nesse sentido, o Brasil e sua riqueza humana, cultural e ambiental é o grande destaque. E esse é, sem dúvida, um momento perfeito para que as marcas brasileiras explorem novas narrativas, resgatando sua história e ressignificando seus símbolos para afirmar sua identidade com orgulho e autenticidade.

O POTENCIAL TRANSFORMADOR DA DIVERSIDADE

Um grupo que se destaca por sua positividade e esperança em relação ao Brasil e aos brasileiros é composto por mulheres, pretos/pardos e classes D e E. Esse grupo não apenas deposita maior confiança na capacidade dos brasileiros, mas também contribui para a evolução do país ao longo do tempo. Importante mencionar que ele forma uma parcela significativa da força de trabalho, criatividade, cultura popular e diversidade no Brasil. Apesar da falta de infraestrutura, acesso a serviços básicos e reconhecimento, o verdadeiro potencial de crescimento está na população do país. Até que esse cenário do "nós e eles" se transforme, é incontestável que todos sairão prejudicados.

A tendência do brasileiro em se comparar constantemente com outros países, destacando o pior daqui frente ao melhor de lá, levanta a questão sobre até quando vamos resistir a abraçar nossa verdadeira identidade. O famoso "complexo de vira-lata" nos impede de ganhar algo construtivo nessa comparação. Também enxergamos o sucesso como algo excepcional, reforçando a ideia de que nossa norma é o fracasso, não o êxito. É essencial destacar e valorizar os aspectos positivos do Brasil e dos brasileiros, colocando-os como fonte de inspiração e projeção positiva.

Histórias de sucesso, inovação, empreendedorismo e conquistas nas mais diversas áreas existem abundantemente, só precisam ser contadas e integradas em nosso repertório nacional. Se analisarmos organizações brasileiras que já nasceram com essa visão de mundo, também encontramos exemplos de sucesso. Um deles é a Dengo, marca de chocolate bem alinhada com seu propósito: "Cacau além do chocolate". Empresa que nasceu em 2017 para oferecer chocolates não apenas deliciosos, mas saudáveis e sustentáveis. O *core* de seu negócio é o produtor de cacau. A Dengo construiu um branding muito bem estruturado, com um nome que significa carinho e cuidado, fala muito do respeito à origem baiana e entende as necessidades de todas as partes interessadas envolvidas, reforçando um ecossistema de valor que começa no produtor.

Dengo não é somente um excelente chocolate, mais puro e com menos açúcar, é uma marca que gera identificação pelo estilo de vida saudável e sustentável. Seu modelo de negócio engaja todos em uma nova visão, menos extrativista e mais coletiva. Não tenho dúvida de que a trajetória de sucesso dessa marca, que ganhou notoriedade tão rápido, vem do cuidado de pensar em todos os stakeholders. Um dos objetivos da empresa é dobrar a renda dos produtores agrícolas. Ela paga cerca de 80% a mais do que o mercado paga, segundo fontes da empresa. Com essa visão de que valor se constrói para todos, já abriu mais de 200 lojas em pouco tempo de existência. Bom para todos que a Dengo possa mostrar novas possibilidades para essa *commodity* tão valiosa que é o cacau. Não é por menos que quem está por trás dessa iniciativa é o fundador da Natura, o empresário paulista Guilherme Leal, junto com o Estevan Sartorelli, que veio da empresa e hoje é CEO da Dengo.

O BRASIL NÃO SÃO OS OUTROS, SOMOS NÓS

A pesquisa aponta que os brasileiros se sentem capazes de qualquer coisa quando se unem. De fato, temos feitos notáveis que vão desde o carnaval até a produção agrícola superavançada. Nossa capacidade de transformar o mundo por meio do trabalho, da criatividade e alegria é extraordinária. É nesse sentido que vemos e apostamos na brasilidade como um grande diferencial competitivo, que faz brilhar uma perspectiva positiva que nos impulsiona: o problema não reside na falta de valor intrínseco, mas, sim, no desperdício desse valor.

O Brasil possui todos os elementos para criar empresas capazes de solucionar uma boa parte dos desafios mundiais. Nossa nação é enraizada na diversidade, celebrando a antropofagia cultural e sendo reconhecida por sua criatividade. O desafio e a imensa oportunidade residem em transformar essa potencialidade em realidade. Para isso, é crucial superar as constantes mudanças de direção, os conflitos, o complexo de inferioridade, a falta de responsabilidade e de visão compartilhada de futuro.

JUNTOS SOMOS MAIS FORTES

Adotando uma postura cada vez mais proativa e responsável diante de nossos problemas, as pessoas e as organizações têm a oportunidade de liderar uma nova era na geração de valor no Brasil. Embora seja um movimento recente, ele já demonstra seu poder e seus resultados, como evidenciado pelas várias iniciativas privadas que surgiram durante a pandemia de covid-19 e em torno de temas como propósito e gestão ESG (Ambiental, Social e Governança).

Nossa brasilidade, enraizada em nosso DNA, é motivo de orgulho e uma vantagem competitiva no cenário global, que busca respostas criativas e inovadoras. Além de seu apelo estético autêntico, ela abarca um movimento profundo que resgata nossas raízes, projeta nosso futuro e celebra nossa identidade presente. É um movimento inclusivo que inteligentemente inventa soluções, explorando nossos recursos com sensibilidade emocional para gerar evolução coletiva. Agora, mais do que nunca, é crucial atuar de maneira intencional e estratégica.

Em 2019, enfrentamos um desafio significativo ao realizar o rebranding da CBF (Confederação Brasileira de Futebol).[44] Nossa missão era revitalizar a imagem dessa organização em todos os aspectos, uma vez que sua marca estava desgastada, sofrendo com percepções negativas e desconexa da sociedade e de seu público, especialmente entre as gerações mais jovens. Reconquistar a confiança das pessoas era fundamental. Assim, nosso objetivo era consolidar a CBF como uma marca impulsionadora do futebol brasileiro. Para alcançar esse objetivo, identificamos diversos desafios em três áreas principais: marca, negócio e comunicação.

Primeiro, era essencial criar um propósito claro que definisse a direção e os valores da organização. Além disso, era necessário trabalhar a marca para que ela se alinhasse com as ambições de futuro da CBF e tivesse um desempenho aprimorado no ambiente digital.

De maneira mais ampla, também tínhamos o desafio de evoluir o ecossistema do futebol, envolvendo e engajando federações e clubes. Isso incluía a necessidade de avançar na internacionalização do futebol brasileiro de clubes, ampliando sua presença global. Também tínhamos o objetivo de aumentar o conhecimento público sobre o trabalho realizado pela CBF, que vai muito além das Seleções Brasileiras, abrangendo todo o cenário do futebol nacional.

Com esses desafios identificados, trabalhamos arduamente para transformar a CBF em uma organização mais relevante, moderna e conectada com seu público, alinhando-a com as demandas e aspirações do cenário esportivo brasileiro e internacional.

Todo o processo foi conduzido em comitês de cocriação com o cliente, com time executivo da CBF e time executivo e criativo da agência alinhados na construção dessa história. Passamos por um diagnóstico profundo e pesquisa com torcedores antes de definir as diretrizes estratégicas para essa marca conseguir efetivamente ser a fomentadora do futebol brasileiro e de seu impacto na sociedade.

---

44 A descrição desse desafio está em: https://www.anacouto.com.br/cases/cbf/. Acesso em: 29 out. 2023.

Percebemos a necessidade de trocar a "paixão" pelo "amor" ao futebol, aquele que cuida, quer ver bem e está disposto a construir uma relação sólida, mostrando que a CBF pensa o esporte nacional muito além de uma partida de noventa minutos. A partir desses insights, emergiu o propósito da CBF: "Fazer do futebol a nossa melhor brasilidade". A evolução da brasilidade expressando talento, alegria, união, coragem, fé, com a disciplina e competência dos nossos jogadores. Os *assets* visuais da marca trouxeram expressões e momentos marcantes da nossa história, além da imagem de pessoas da vida real praticando o esporte que é para todos.

Mostramos respeito à marca e à sua história, trazendo o novo, sem abrir mão do passado. Mantivemos a imagem em forma de escudo, assim como a cruz no centro dele. As faixas ganharam movimento e se expandiram para criar novas conexões, expressando a ginga e superação, dentro e fora de campo. Os grafismos foram inspirados na obra do artista brasileiro Athos Bulcão, criados a partir de fragmentos do formato do nosso escudo.

Nossas cores ganharam mais força e intensidade, trazendo mais modernidade para a marca nos meios digitais. A tipografia é composta por duas fontes desenvolvidas por brasileiros e a tagline sintetiza o que é o nosso futebol: jogar bola.

Pensando na implementação de toda essa estratégia, nos momentos em que a marca ganha vida, a CBF se coloca como protagonista de um ecossistema amplo, vê o Brasil como sinônimo de talento e competência no futebol e entende que ser inovadora envolve também recuperar ativos do passado de modo emocional. Adotar uma postura propositiva acarreta engajamento digital, entendendo a importância de criar uma central de conteúdo, ver imprensa e formadores de opinião como parceiros e construir uma comunicação estratégica com segmentação de seus públicos.

A partir desse projeto, a CBF passou a ter uma marca pronta para se apresentar de maneira mais consolidada globalmente. Essa mudança anda em paralelo ao novo momento dos negócios, com uma gestão que olha para frente, com mais *compliance*. Adota a postura de direcionar e propor as conversas com pautas positivas, se conectar com o público e, em última instância, estar no mundo de modo diferente, mostrando a nossa melhor brasilidade. Como resultado, reforça o seu status de ícone nacional, ultrapassando contextos políticos e até mesmo esportivos.

Sabemos que a realidade dessas mudanças que precisamos fazer passa por um percurso muitas vezes tortuoso. Mas tendo uma boa estratégia desenhada é mais fácil de executar, acompanhar e cobrar a evolução de um branding. Essas mudanças que gostaríamos de ver na CBF e no futebol, porém, ainda estão longe de se tornar realidade. Nosso futebol e nosso país podem e merecem mais.

TAKE AWAYS – CAPÍTULO 3

- Em contextos intensos é preciso ser intencional. Apenas com consciência e disciplina é possível gerar valor percebido.
- Não é possível valorizar o Brasil sem valorizar os brasileiros: a brasilidade é uma vantagem competitiva.
- O Brasil possui todos os elementos para criar as próximas empresas capazes de solucionar grande parte dos desafios mundiais.
- Entre as maiores potencialidades do Brasil estão a riqueza da diversidade cultural, a garra do povo brasileiro, a natureza e as manifestações da cultura popular, especialmente as festas e o futebol.
- As marcas que mais representam o Brasil valorizam as matérias-primas nacionais e estão alinhadas com a maneira como nos enxergamos.

Nossa nação é enraizada na diversidade, celebrando a antropofagia cultural e sendo reconhecida por sua criatividade. O desafio e a imensa oportunidade residem em transformar essa potencialidade em realidade.

A (R)EVOLUÇÃO DO BRANDING

A construção do branding

Costumo dizer que o processo de criação de branding (e, sobretudo, de rebranding) é altamente terapêutico. É o mesmo que colocar "o negócio no divã", em uma jornada de consciência e intenção. O desafio é alinhar quem a marca é, como ela é percebida e aonde ela quer chegar. O primeiro passo do projeto é entender o contexto em que ela está inserida, levando em conta os impulsionadores da marca, as fortalezas que já foram conquistadas; definir inclusive quais são e seus detratores, ou seja, o que está tirando valor dela; por fim, refletir a respeito do que pode acelerar ainda mais seu crescimento. Essa análise chamamos de "decodificar o valor de uma organização". Trata-se de um diagnóstico complexo, que exige conhecimento profundo da dinâmica do segmento do cliente e do mercado.

Para se destacar no jogo, é fundamental dominar esses conceitos. Assim como na vida, essa consciência demanda das marcas autoconhecimento e uma renovação constante. Essa é uma qualidade intrínseca de marcas inovadoras, contemporâneas e relevantes. Tais marcas estão sintonizadas com o "espírito do tempo", o chamado Zeitgeist, e captam padrões de comportamento e tendências de mudança, além de habilmente transformarem esses insights em vantagem competitiva.

É natural surgirem dúvidas sobre como continuar evoluindo. Essa questão desafia empresas e profissionais a buscarem novas estratégias e abordagens para se destacarem no mercado. A concorrência acirrada, a tecnologia provocando transformações em quase todas as maneiras de fazer negócio e as novas demandas sociais exigem que as empresas encontrem rapidamente soluções que as habilitem a continuar relevantes e capazes de resolver as dores dos seus consumidores.

Nesse trajeto, no entanto, muitas dessas organizações acabam caindo em falsos dilemas, como "não vou planejar nada, pois tudo muda o tempo todo", "preciso lançar esse produto e entrar nesse mercado, afinal está todo mundo entrando", "vou estar em todas as mídias sociais e falar sobre as pautas do momento, senão vou ficar fora da cabeça das pessoas", "quero chamar atenção a qualquer custo", ou ainda "devo ser ágil e sair fazendo".

É importante estar atento para não cair nessas armadilhas. E, nesse sentido, é crucial saber discernir entre a agilidade estratégica genuína e uma reação impulsiva e automática diante das circunstâncias e das mudanças que inevitavelmente acontecem. Muitas vezes, a ânsia por se manter no jogo pode levar a atitudes precipitadas, que, em vez de impulsionar, são capazes de comprometer a longevidade, a reputação e o caixa financeiro da empresa.

Por isso sempre insisto: é preciso refletir, planejar os objetivos que deseja alcançar em cinco anos, fazendo planos anuais decupados em ações trimestrais, sempre definindo metas com resultados mensuráveis. Assim, a organização testa e aprende o que funciona, resolve rápido o que está destruindo valor e investe no que pode acelerar o seu crescimento.

Só provamos que a estratégia definida está funcionando se os resultados vierem. E vou além: esse planejamento deve perpassar toda a empresa, incluindo o dia a dia da organização. Se houver essa sinergia de esforços que englobam a empresa como um todo, a transformação ganha inevitavelmente outra dimensão, impactando as mais diversas áreas dentro do negócio e gerando valor para todos.

Se pensarmos nas grandes marcas da atualidade, podemos ver como o branding foi essencial na construção da identidade de organizações. A Coca-Cola é um bom exemplo. Sem a estratégia correta, ela seria apenas uma empresa que vende refrigerantes. No entanto, bem diferente disso, esse produto acabou virando um verdadeiro símbolo de momentos de felicidade e de prazer, identidade amplamente difundida por meio das propagandas em mais de cem anos de comunicação. Caso parecido com o da Nike, que poderia ser mais uma empresa de calçados entre tantas outras que existem por aí. Contudo, nadando contra a correnteza da mesmice, a Nike se transformou na marca capaz de "despertar o atleta que existe em cada um de nós".[45]

Não é incomum ver alguém em foto, vídeo ou texto declarando seu amor a uma marca em rede social, mesmo que não haja qualquer vínculo entre a organização e essa pessoa. A Natura, por exemplo, é vista como uma empresa que se preocupa não só com a beleza, mas com o bem-estar das pessoas e do mundo. A Patagônia, por sua vez, é referência em sustentabilidade. A Apple é geralmente lembrada como exemplo de design, com produtos que "todo mundo quer". E por aí vai.

O que nos interessa aqui, no fim das contas, é o fato de que essas pessoas vão às redes sociais e usam a própria voz para defender essas marcas e advogar por elas. É mais do que "publicidade gratuita". O que esses consumidores fazem, em linhas gerais, é se colocar como os próprios representantes de uma organização e dos valores que ela comunica. Eles se identificam a tal ponto com o propósito da marca que acabam agindo como "embaixadores", contribuindo para uma disseminação orgânica e autêntica da visão de mundo que ela criou. O resultado dessa sinergia é a geração de um ciclo poderoso de envolvimento no qual o público não apenas consome os produtos ou serviços, mas também os utiliza como extensão da própria identidade e do próprio estilo de vida.

A pergunta que inevitavelmente surge busca responder como essas marcas conseguem alcançar o status de ícone e se tornar tão relevantes a ponto de fazerem parte da intimidade de seus clientes, influenciando modos de vida e moldando tendências culturais. Se tentarmos definir o que há por trás da construção dessas marcas em seus respectivos mercados vamos descobrir o branding – aliado às estratégias de marketing.

---

45 Uma excelente e agradável maneira de acompanhar a evolução das estratégias de branding da Nike é assistir ao filme *AIR: a história por trás do logo*. Nesse longa-metragem, o ex-executivo de marketing esportivo Sonny Vaccaro e a Nike buscam o atleta Michael Jordan, ainda um novato no basquete, e criam uma parceria que revoluciona para sempre o mundo dos esportes e da cultura contemporânea.

NUBANK: A VEZ DE STARTUPS LANÇAREM MÃO DO BRANDING

Antes de mergulharmos de cabeça na construção do branding, acredito que é importante refletir a respeito das diferentes oportunidades de aplicação dessa disciplina. De novo, não são apenas as grandes marcas que podem empregá-lo. Pelo contrário, as empresas pequenas podem e devem utilizar esses princípios se desejam se consolidar e crescer. Com essa perspectiva em mente, antes de me aprofundar nos processos e nas metodologias que serão abordados nos próximos capítulos, considero de suma importância examinar também o momento mais apropriado para adotar as táticas que temos à nossa disposição.

O que tenho observado ultimamente é que o cenário atual é particularmente propício às empresas emergentes, o que inclui, claro, as startups. Empregando as ferramentas do branding, essas empresas menores conseguem se destacar mesmo quando ingressam em setores já saturados ou muito inovadores. E o motivo para essa facilidade é relativamente simples: sua agilidade em tomar decisões, formatar sua estrutura e adequar seu propósito englobando as pautas em discussão no contexto atual.

A partir de uma definição clara dos valores, propósitos e da identidade, essas startups podem construir uma narrativa autêntica e corresponder às expectativas de seu público-alvo. Temos um caso interessante no Brasil: o Nubank, que chegou para brigar com grandes players de cartão de crédito e hoje é considerado por alguns como o melhor banco brasileiro.

A proposta de valor é descomplicar a vida das pessoas. Ajudar a organizar os gastos de cartão sem cobrança de taxa foi uma inovação incremental do Nubank que fez toda a diferença na experiência dos clientes. Além de tudo, foi muito consistente em construir propriedade com a cor roxa. E continuamos a ver essa fintech crescer. Hoje é o segundo maior banco digital do mundo, com mais de 85 milhões de clientes entre Brasil, México e Colômbia. Abriu capital na bolsa de Nova York em 2021 e no seu IPO (*Initial Public Offering*, oferta pública inicial, em português) atingiu um valor de mercado de 41,5 bilhões de dólares. Muitos ingredientes de sucesso nessa história que fez em tão pouco tempo uma marca icônica brasileira.

Empresas pequenas ou recém-constituídas que utilizam as técnicas do branding levam a vantagem de crescer já sabendo como se diferenciar sem cair em territórios populosos de concorrentes. Da mesma maneira, empresas bem-estabelecidas e "maduras" podem revitalizar sua imagem para fortalecer sua posição no mercado. Não é raro que essas organizações muito estabelecidas e fortemente enraizadas em processos, hierarquias e rotinas consolidadas tenham dificuldade de se adaptar a tantas mudanças.

Em um cenário em que a agilidade e a inovação são cada vez mais valorizadas, o branding pode atuar como um estímulo à esta necessária transformação: entendendo a jornada do cliente e criando uma narrativa de posicionamento, é possível quebrar as barreiras da rigidez organizacional, fomentando a criatividade, a colaboração e o foco no cliente.

ATENÇÃO, BRANDING É UM VERBO NO GERÚNDIO

Nunca é demais se lembrar daquilo que pode parecer uma obviedade, mas é frequentemente ignorado. Branding é uma palavra no gerúndio, o que indica a sua verdadeira essência: o seu caráter contínuo, uma jornada de criar e gerir valor que exige constantes correções de rota. Essa jornada não é como uma partida ou campeonato de futebol, em que levamos o prêmio para casa no final. O branding não deve ser encarado como um projeto, mas como uma disciplina a ser implementada na gestão que muda a cultura, influencia atitudes e ações e traz uma maneira de gerir os resultados e evoluir uma organização coerente com seus valores.

Quando avaliamos o sucesso de um branding, devemos nos atentar a alguns quesitos importantes:

96 • A (R)EVOLUÇÃO DO BRANDING

- Seu branding é diferenciado o suficiente para se destacar dos concorrentes? Ninguém quer ser mais um na prateleira do supermercado, mais um restaurante, mais uma marca de roupa. Muitas vezes, essa simples pergunta não consegue ser respondida pelo cliente. O que faz o seu negócio ser único? Temos respostas como "somos sólidos", "temos qualidade", "nosso time é talentoso". Nenhuma delas, porém, cria diferenciação, elas somente o credenciam a estar no jogo.

- Sua proposta de valor é relevante para o público e para o contexto em que a sua marca está inserida? Precisa evoluir algo na sua proposta que responda às novas demandas do consumidor? O seu produto ou serviço está respondendo a alguma dor das pessoas?

- A presença da marca é consistente em todos os pontos de contato? No caso de uma auditoria visual do seu site, da presença nas redes sociais, na embalagem e em campanhas, consegue identificar um visual proprietário? Faça esse exercício tirando o seu logo desse material de comunicação: as pessoas reconhecem a sua marca mesmo ela não tendo assinado as peças?

- Por fim, o nível de propriedade que seu branding cria é reconhecido? São o que chamamos de os "inegociáveis *equities* de marca", que devem estar presentes sempre. Isso é chave para se construir um branding icônico.

A Coca-Cola é um bom exemplo da importância de construir valores proprietários e de como isso agrega para a organização. Além da cor vermelha (*coke red*, na escala Pantone), muitos ativos foram construídos ao longo da sua história. Em 1915, o advogado da empresa, Harold Hirsch, organizou um concurso de design para encontrar a garrafa ideal. Oito empresas de embalagens foram convidadas a criar "uma garrafa que uma pessoa pudesse reconhecer apenas com o tato, e que tivesse um formato que, mesmo quebrado, seria identificável com uma rápida olhada".

Ondas de valor

Plataforma de Branding

Propósito

Declaração de como a organização usa seu talento e poder para fazer o mundo melhor.

Arquétipo

Marca é

Atributos

Características que definem quem a Marca é. São base para a construção da personalidade e toda a expressão da Marca.

Negócio faz

Diretrizes de experiência

Proposta de Valor que coloca o cliente no centro da experiência para criar produtos e serviços relevantes e memoráveis em todos os momentos de interação – desde a pré-compra até a fidelização.

Comunicação fala

Discurso de posicionamento

Discurso que traduz a personalidade da Marca e sua forma de se relacionar com seus públicos, reforçando as vantagens competitivas que a diferenciam no mercado.

Tagline
Frase que comunica e sintetiza o posicionamento.

Brastemp

Rebranding • 2023

é outro mundo.

BRASTEMP

ANTES — DEPOIS

Girls just wanna have *divisão igual de tarefas.*

Sua casa *com mais atitude.*

Pra bom entendedor, *uma retrozinha basta.*

CBF

Rebranding • 2019

ANTES   DEPOIS

Cosan

Rebranding • 2023

Eletromidia

Rebranding • 2020

ANTES

DEPOIS

Happy Eggs

Rebranding • 2022

ANTES

DEPOIS

Fiat

Rebranding • 2020

ANTES · DEPOIS

Havaianas

Rebranding • 2022

designed for a free life

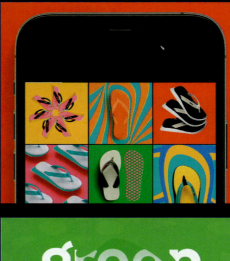

out of the blue.

green
lights ahead of you

Leveros

Rebranding • 2017

ANTES | DEPOIS

Enauta

Rebranding • 2019

ANTES   DEPOIS

Desbravar o universo da energia.

Rede

Rebranding • 2013

ANTES · DEPOIS

Ultragaz

Rebranding • 2021

Uol

Rebranding • 2021

ANTES   DEPOIS

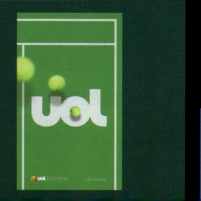

seu universo online.

Zamp

Rebranding • 2022

Natura Tododia

Toolkit de Comunicação • 2019

Raízen

Rebranding • 2011

XP Inc.

Rebranding • 2019

A CONSTRUÇÃO DO BRANDING • 97

A partir desse briefing foi criada a famosa garrafa da Coca-Cola, reconhecida mundo afora. A força cultural da marca também é cheia de significados: alguns dizem que o Papai Noel, o bom velhinho, é vermelho justamente para tangibilizar o propósito da Coca-Cola de "proporcionar momentos felizes para as famílias". Verdade ou não, fato é que, de novo, nada no branding deve ser usado sem intenção, pois isso faz a diferença no valor percebido.

A marca Tiffany, por sua vez, tem a caixa azul Tiffany Blue, e o anel de noivado que vem nessa embalagem virou desejo de toda noiva americana. Logo, construir *equities* proprietários para uma marca, como a escolha de uma cor, design, embalagens, som da marca e os tipos de imagens que serão utilizadas são fundamentais para o branding ser icônico. Saber dialogar com o passado, com o presente e com o futuro é um dos maiores ativos de uma organização. Olhar para o que foi construído de valor ao longo da história é saber preservar essa herança e entender o momento certo para ressignificá-la.

A Disney, por exemplo, é uma marca sinônimo de fantasia e de sonho, que construiu um universo muito forte de princesas e personagens com os quais crianças de todo o planeta se identificam. O mundo das princesas da Disney poderia ter ficado ultrapassado com a representação da Branca de Neve, que é salva pelo Príncipe Encantado. As novas princesas da Disney, porém, são empoderadas e não vivem mais à espera de um príncipe; elas são corajosas, valentes e mais relevantes do que nunca para as meninas. Isso é saber dialogar com o contexto, preservando seu patrimônio de marca.

A Disney continua entendo as novas necessidades da sociedade e lançou a Ariel como a primeira princesa encenada por uma atriz preta. Essa decisão foi tão acertada que criou uma comoção em muitas meninas que nunca tinham se sentido representadas nesses personagens – estava mais do que na hora dessa questão ser abordada por uma marca como a Disney.

OLHAR PARA TRÁS PARA OLHAR PARA A FRENTE: O QUE APRENDER COM A LOUIS VUITTON

Todo gestor de marca precisa ter em mente que não faz sentido jogar fora a sua história: é a partir dela que estabelecemos estratégias para contemplar o futuro. Nesse sentido, podemos aprender muito com marcas de luxo. Elas sabem como ninguém criar desejo e cobrar por isso. Muitas delas são hoje centenárias e exemplos vivos de como evoluir com *equities* fortes, como Chanel, Dior etc.

Para citar uma das mais valiosas, a Louis Vuitton é um símbolo dessa visão de mercado.[46] Fundada em 1854 na cidade de Paris, a marca manteve a tradição através de gerações sem perder o olhar atento ao contexto do momento, e se tornou sinônimo de sofisticação, elegância e status. Identificando seus ingredientes de sucesso, podemos destacar, desde a sua origem, a inovação focada no cliente.

Para que haja essa construção de valor, porém, o acompanhamento dos resultados é fundamental para medir o crescimento. Se analisarmos a trajetória da Louis Vuitton, cujos primeiros passos foram dados por seu fundador homônimo aos 16 anos, perceberemos como o propósito definido lá atrás continua guiando os rumos da empresa ainda hoje. O jovem observou a dificuldade de carregar baú em carroças e carruagens, e colocou o foco em resolver o problema com design mais funcional e diferenciado, criando novos formatos de baú e malas na vertical. Como também inventou uma fechadura supersegura, que foi patenteada e está até hoje em uso.

A Louis Vuitton construiu sua identidade em torno de uma combinação incomparável de tradição e inovação. Seus produtos artesanais refletem a herança da marca, enquanto sua capacidade de se adaptar às tendências contemporâneas mantém sua relevância

---

46 UMA história lendária. **Louis Vuitton.** Disponível em: https://br.louisvuitton.com/por-br/magazine/artigulos/a-legendary-history. Acesso em: 29 out. 2023.

A CONSTRUÇÃO DO BRANDING • **99**

no mercado. A assinatura do monograma LV é instantaneamente reconhecível e transmite um senso de exclusividade e prestígio, em que se mesclam tanto a herança do status que seu criador conferiu aos produtos da marca quanto a ideia de modernidade e atualidade. Uma combinação clássica e ao mesmo tempo moderna.

Percebendo a importância do marketing de experiência, a empresa também investiu na criação de lojas impecáveis, as quais são projetadas para proporcionar um ambiente de luxo, desde a arquitetura elegante até o serviço ao cliente. Com um território visual cheio de *equities*, a marca colabora com uma série de artistas que fazem a reinterpretação do monograma em diferentes linhas de produtos. Iniciativa, por exemplo, que trouxe enorme visibilidade para a marca foi a parceria criativa com a artista plástica japonesa Yayoi Kusama.

Essa iniciativa repercutiu não só apresentando peças icônicas reinterpretadas em temas coloridos, como reforçando a ode à arte e ao trabalho artesanal audacioso. Sob a inspiração de ícones da arte de Kusama, a coleção apresentou novos temas, como *Pumpkins*, *Faces*, *Figurative Flowers* e *Infinity Dots*, presentes em todos os designs da maison através de materiais incríveis usados nas lojas, que incluíram até um robô Kusama nas vitrines.

O convite para liderar a linha masculina da marca feito para Pharrell Williams, um dos músicos americanos mais badalados e admirados, também mostra a preocupação da marca de estar conectada com novos públicos, mais jovens e *trendsetters*. Contratado como Diretor Criativo, Williams realizou um desfile para o lançamento de sua nova coleção na Pont-Neuf, em Paris – a ponte mais antiga da cidade. O artista conseguiu criar, através dessa ponte, uma metáfora que unia os mundos da cultura pop e da alta costura. Entre os convidados estavam ninguém menos do que Rihanna, Beyoncé, Jay-Z, LeBron James, Lewis Hamilton, Omar Sy e Paul Pogba. Um elenco de peso. Com sua nova linha, Williams trouxe novos ares para a marca, ressignificando, inclusive, os quadrados típicos da Louis Vuitton.

O QUE NÃO SE PODE MEDIR NÃO SE PODE GERIR: ACOMPANHAR RESULTADOS É PREMISSA PARA GESTÃO DE VALOR

Se evoluir seu negócio é uma máxima, acompanhar e monitorar os resultados, analisando constantemente o feedback dos consumidores e fazendo ajustes na rota, se torna uma premissa. Para isso, é fundamental que toda a empresa esteja atenta, antes de mais nada, aos KPIs (*Key Performance Indicators*, ou Indicadores-Chave de Desempenho, em português).

Os KPIs são, em resumo, métricas quantificáveis que permitem avaliar o desempenho de uma empresa de maneira mais objetiva. Esses indicadores sempre foram muito importantes para gestão financeira, hoje são igualmente necessários para gestão de marca, negócio e comunicação. Com dados precisos em mãos, é possível aferir o crescimento, a eficiência e a rentabilidade de uma estratégia. Ou mesmo se a organização precisa de uma correção na rota.

Para acompanhar os KPIs de branding, definimos indicadores de marca, entendendo o nível de reconhecimento que ela gera pelos atributos da personalidade. Se o consumidor se identifica e percebe claramente sua visão de mundo. Com os indicadores, é possível avaliar também como seu propósito impacta positivamente a percepção dos consumidores.

Com os KPIs de negócios, podemos medir o que chamamos de *churn* (perda de cliente). É crucial observar se o esforço de conquistar novos clientes pode estar sendo em vão; ou *cross sell* (venda de outros produtos para o mesmo cliente), outra premissa relevante para medir fidelização; e NPS (*Net Promote Score),* que testa o nível de satisfação do cliente. Já na comunicação, precisamos identificar se os diferenciais do produto estão sendo bem comunicados, assim como se as campanhas estão gerando conexão emocional. Os ajustes não são só nos esforços de comunicação, mas na jornada toda, avaliando o funil de relacionamento desde o conhecimento, consideração até a conversão e fidelização do consumidor.

A CONSTRUÇÃO DO BRANDING • **101**

O branding pode influenciar diretamente diversos KPIs-chave. Por exemplo, um rebranding que alinha a empresa com valores sociais relevantes pode aumentar a lealdade do cliente. Na prática, além de monitorar o resultado de estratégias e ações que determinada organização adota, é possível observar os KPIs mais sensíveis e como sua marca está frente aos concorrentes para fazer ajustes necessários em tempo real.

O JOGO EXPONENCIAL DOS ECOSSISTEMAS

As empresas precisam ter clareza sobre o seu papel para construir ecossistemas envolvendo diversos atores e, assim, contribuir e compartilhar impactos positivos.[47] Analisando de novo o caso do Google, que tem o propósito de "organizar as informações do mundo", percebe-se como o buscador expandiu enormemente para uma série de serviços a partir dessa visão de mundo. Google Maps, Google Translator, Google Earth, Chrome e muitos outros que podemos identificar pelos ícones coloridos que remetem à marca mãe.

O modelo de negócios em que uma empresa se preocupa somente com criar produtos e vendê-los aos consumidores está ultrapassado. É preciso dar lugar ao formato em que a empresa se concentra na construção de ecossistemas mais amplos, deixando para trás a visão de cadeia de produção.

É dessa maneira que saímos de uma estrutura centrada na organização – mais transacional, segmentada e passiva – para um modelo de ecossistema, com atores independentes que trabalham integrados, trocando experiências e aprendendo uns com os outros. E quanto mais rico e denso esse ecossistema, maiores são a vantagem competitiva de uma organização e a consequente fidelização do consumidor. A premissa desse jogo é transcender

---

47 Exploramos mais profundamente essa correlação entre as três ondas do branding e a importância dos KPIs para mensurar o impacto das estratégias elaboradas para uma marca no artigo "Pi" aqui: PI. **Agência Ana Couto**, 2018. Disponível em: https://www.anacouto.com.br/wp-content/uploads/2018/05/pi-index. pdf. Acesso em: 6 ago. 2023.

a simples cadeia de produtos-consumidores, atuando em prol de uma abordagem voltada para a visão de ecossistema.

É claro que construir um ecossistema saudável e próspero não é fácil. E isso acontece porque não basta se cercar de "parceiros" e extrair deles o que você precisa. A estratégia-chave aqui deve ser o "ganha-ganha", na qual todos os participantes com papéis claros e bem definidos trocam valores. Desse modo, todos os agentes envolvidos e conectados à rede em que consiste esse ecossistema se beneficiam da parceria, refletida no coletivo. É a lógica do desenvolvimento em rede, no qual as plataformas abertas e as empresas se relacionam para construir o melhor produto/serviço. Muitas vezes, os atores competem, cooperam e retroalimentam as mudanças.

Esses ecossistemas cada vez mais poderosos também trazem desafios, e um bom exemplo foi o confronto entre a Epic Games, criadora do jogo Fortnite, e a Apple. A Epic desafiou as regras da App Store ao oferecer um método de pagamento alternativo com preços mais atrativos, evitando a taxa de 30% cobrada pela Apple. Isso resultou na remoção do jogo da App Store e no início de um processo legal, acusando a Apple de operar um monopólio. Essa é a guerra que estamos vendo cada dia mais acirrada. Grandes ecossistemas cercam seus consumidores e concorrem às vezes de maneira desleal, dificultando alternativas independentes de crescerem.

Assim, podemos compreender a complexidade gerada por esses sistemas de ator. É tudo questão de saber acompanhar e adequar as estratégias que apontam para propósito e engajamento gerando um ecossistema. Nos últimos anos, temos presenciado empresas, principalmente de tecnologia, expandirem enormemente a força dos seus ecossistemas, em uma tendência que está criando grande concentração de poder e uma série de dificuldades para quem está de fora. Por exemplo, Spotify *versus* Apple Music?[48] Quem ganha essa quebra de braço? Vamos acompanhar esse filme, afinal, ele ainda não terminou.

---

[48] Conheça mais sobre esse reprodutor de mídia da Apple e as suas funcionalidades em: http://www.differencebetween.net/technology/difference-between-itunes-and-apple-music/. Aceso em: 29 out. 2023.

O DESAFIO DE FIDELIZAR O CORAÇÃO E O BOLSO DO CLIENTE

Captar novos clientes pode ser uma tarefa muito complexa, o que acaba tornando fundamental que você preste atenção e cuide bem daqueles que você já tem. E dentro dessa perspectiva de criar um bom relacionamento com seu cliente, existem também maneiras de garantir a fidelidade do bolso dele. Uma delas é por meio do conceito de *rundle*, serviços por assinatura que geram receita recorrente. Trata-se de uma tendência que tem dado bons resultados e que temos visto ganhar força nos últimos anos com o aparecimento dos clubes de entrega de ovos, livros, vinhos etc.

Um caso interessante é o do clube de assinaturas Dollar Shave Club, que comercializa produtos de barbear. A marca lançou uma assinatura mensal para homens receberem compras em casa. Com um branding bem disruptivo e uma proposta de valor diferenciada, a empresa, que surgiu nos EUA em 2012 e teve um investimento inicial de 35 milhões de dólares, foi comprada quatro anos depois pela Unilever por 1 bilhão de dólares. Àquela altura, com mais de 3,2 milhões de pessoas integrando o clube. Para a Unilever, essa compra tinha dois objetivos: entrar com um modelo novo de venda direta para o consumidor, que é uma tendência para driblar o varejista, e ter uma vantagem competitiva frente à sua concorrente P&G, dona da marca Gillette.

Outro fator importante para crescimento é evoluir a sua oferta de serviços para o mesmo cliente. São os chamados *bundles*, um agrupamento de serviços que também está sendo adotado por diferentes segmentos para gerar receita recorrente. Por exemplo: a operadora do seu celular passou a vender também internet e TV a cabo. O melhor exemplo desse tipo de plataforma é o da Amazon, que expandiu sua oferta para muito além das compras, incluindo serviços como Amazon Prime e Audible. Para os clientes há uma vantagem substancial com esse sistema: a partir de uma despesa mensal, o usuário tem direito à utilização dos diferentes serviços de que a plataforma dispõe.

OMNICHANNEL: A INTEGRAÇÃO DA JORNADA DO CLIENTE AOS CANAIS DE VENDA E COMUNICAÇÃO

Essa batalha pelo consumidor é um exemplo de como a oferta de pacotes completos de serviços está mudando a dinâmica entre empresas e plataformas, e de como essa estratégia impactou o mercado, criando tanto oportunidades quanto desafios. O fato é que estamos todos em uma corrida acelerada para criar mais relevância para as marcas, fidelizar clientes e expandir ecossistemas. Para isso, os canais de venda e de comunicação devem estar em perfeita harmonia, isto é, não devem gerar ruídos para o cliente, em uma abordagem que chamamos de *omnichannel*.

É impressionante como mudou a jornada de compras nos últimos trinta anos, desde as lojas-conceito como a NikeTown, vieram o e-commerce, a compra pelo Instagram e WhatsApp. Sabemos que não se deve negligenciar essa oportunidade de facilitar e expandir a experiência de compra. Nesse contexto, a pluralidade de canais de venda que toda marca deseja está disponível para todos os tamanhos de negócio. Porém, para que essa jornada seja fluida e sem confusões, é preciso estarmos atentos à estratégia de *omnichannel*.

O objetivo principal aqui é oferecer uma experiência unificada e consistente aos clientes, independentemente do canal que eles escolham para interagir com a marca. Nesse modelo, os diversos canais de contato, entre lojas físicas, on-line, aplicativos móveis, redes sociais e atendimento ao cliente, entre outros, estão interligados e compartilham informações em tempo real. Isso permite que os clientes possam começar uma interação em um canal e continuar em outro sem perder o contexto ou a qualidade da experiência.

Um bom exemplo é um cliente que realiza uma pesquisa por um produto no site da empresa, depois visita a loja física para ver pessoalmente esse produto e, em seguida, finaliza a compra por meio de um

A CONSTRUÇÃO DO BRANDING • 105

aplicativo móvel. Em um sistema *omnichannel* bem implementado, todas essas etapas acontecem de modo sincronizado e sem lacunas na comunicação. Essa abordagem não apenas melhora a experiência do cliente, mas também aumenta as chances de conversão e fidelização, uma vez que a marca se mostra acessível em todo o processo de compra.

HAVAIANAS E O DESAFIO DE SER UM ÍCONE GLOBAL

É fundamental nos negócios do século XXI ter um mindset global, criando, desde o início da organização, estratégias que apontem para oportunidades que vão além da sua região. Um de nossos casos mais recentes de marca preocupada com esse desafio foi o da empresa brasileira Havaianas.[49] Não é preciso dizer muito para expressar a grande responsabilidade que tínhamos pela frente com essa empresa ícone no Brasil – e, de certa maneira, entrelaçada à própria ideia de brasilidade.

Antes considerada uma marca de chinelos de baixo custo, tradicionalmente direcionada para o público das classes C e D, a Havaianas passou por uma transformação ao longo do tempo, adaptando-se a um estilo de vida mais casual e encontrando seu espaço no mundo. Ela transcendeu sua associação meramente econômica, adquirindo significado e relevância para além do aspecto do preço.

A história da marca mudou totalmente durante a Copa do Mundo de 1998, realizada na França, na qual o Brasil era considerado um dos favoritos para a vitória. Antecipando um possível triunfo brasileiro, a Havaianas enviou chinelos com a bandeira do Brasil para a França. A nossa Seleção, no entanto, não levou a taça. A empresa decidiu, então, distribuir as sandálias pela França,

---

49 A descrição completa desse caso você encontra em: https://www.anacouto.com.br/cases/havaianas/. Acesso em: 29 out. 2023.

revelando, naquele momento, o potencial de sua marca. Foi aí que a organização deu início ao trabalho de expansão global.

Quando a marca expandiu seu *footprint* global, cada mercado se comunicava de uma maneira, sem os princípios de gestão de marca definidos, criando comunicações muito distintas. Não existia até pouco tempo uma gestão de branding centralizada, e isso gerou muitas percepções diferentes da Havaianas pelo mundo. Fomos acionados para dar consistência e propriedade à percepção global da marca.

Realizamos diversas pesquisas internas e externas para coletar insumos suficientes e entender como a marca era percebida. Com isso, queríamos decodificar o código genético que a diferenciava e a tornava única. Com esses dados em mãos, identificamos o fio-condutor de todo o trabalho: o espírito da liberdade. O objetivo, então, foi trazer uma abertura que convidasse as pessoas a abraçar a vida ao ar livre, celebrando diversos estilos e despertando a curiosidade para um espírito mais leve e colorido.

Precisávamos comunicar também a expansão de produtos muito além da sandália de dedo original. Criar uma gestão global de uma marca brasileira é criar uma nova ordem de comando do Brasil para fora. Para criar as diretrizes de branding, definimos o benefício funcional do produto, considerando que eles são "um respiro para o nosso corpo, dos pés à cabeça", e chegamos ao benefício emocional, pelo qual a marca "nos faz sentir livres e libertos de amarras".

A partir dessas premissas, construímos uma narrativa genuína que corrobora com a história da marca. Foi assim que conseguimos propriedade e consistência para dar os próximos passos: identidade, experiência e portfólio. Criamos um sistema único global para o universo visual e verbal, no sentido de gerar consistência e diferenciação em qualquer ponto de contato da marca ao redor do mundo. E aqui a nossa estratégia foi potencializar o caráter de elementos que a marca já havia construído ao longo dos anos, mas que ainda não estavam articulados de maneira estratégica e intencional.

Nos apropriamos das cores do arco-íris em diferentes intensidades e do formato do chinelo para criar e fortalecer o universo colorido, vibrante e versátil definido na sua personalidade. O visual foi desenvolvido de maneira sensorial para transmitir conforto e estilo mais fashion; a comunicação, direcionada de maneira clara e simples, com flexibilidade para conviver com diferentes co-brandings – já que Havaianas é colaborativa na criação com uma infinidade de outras marcas e contextos.

Reforçamos também o território de comunicação de viagens, moda, praia e uma vida despreocupada. A narrativa da campanha valoriza a energia natural e espontânea das pessoas, donas de corpos livres para sentir, dançar, explorar, celebrar a diversidade e a criatividade, refletindo uma marca com verdadeiro espírito de brasilidade. No design, reforçamos ainda a fluidez e as linhas curvas identificadas com a marca e o Brasil.

Mas o desafio da Havaianas continua. Criar regras para simplificar e dar consistência aos diversos usos da comunicação, elevar a percepção de valor para uma marca de moda e expandir o território de chinelos para roupas foi um bom começo. O jogo agora é a disciplina de execução para chegar a uma Havaianas icônica global.

TAKE AWAYS – CAPÍTULO 4

- Branding é um verbo no gerúndio, o que indica seu caráter de jornada contínua para gerar e gerir valor.
- Quando os clientes disseminam de maneira orgânica a visão da marca, cria-se um envolvimento poderoso em que os produtos e serviços são incorporados à sua própria identidade. São os chamados "embaixadores de marca".
- Tanto as grandes organizações quanto as empresas pequenas podem e devem utilizar os princípios do branding se desejam crescer e se consolidar no mercado.

- O que não pode faltar na construção de branding: olhar para trás para olhar para a frente, enxergando o valor na sua história para evoluir.

- Gerir valor é medir e acompanhar. Métricas de marca, negócio e comunicação são fundamentais para uma boa gestão.

- O cliente é difícil de conquistar. Portanto, uma vez feito isso, a missão é fidelizar o consumidor oferecendo novos formatos de serviços por receita recorrente – *rundle* – ou pacotes de serviços com vantagem na compra completa – *bundle*.

- A jornada do cliente é única – logo, ser *omnichannel* não é mais uma escolha, é palavra de ordem.

- Nascer com a mentalidade de ser uma marca global pode expandir os horizontes.

O modelo de negócios em que uma empresa se preocupa somente com criar produtos e vendê-los aos consumidores está ultrapassado.

A (R)EVOLUÇÃO DO BRANDING

Quando é hora de um rebranding?

O processo de branding pode servir a diferentes finalidades, em momentos distintos da organização. Em geral, a necessidade de transformação, ou rebranding, surge quando uma empresa enfrenta desafios estruturantes, como o de lidar com uma imagem de marca obsoleta, falta de identificação com seus clientes ou mudanças significativas no mercado e na concorrência. No momento em que os sinais se tornam evidentes, é hora de considerar a estratégia. O desafio dos empresários é saber reconhecer o momento certo de apostar nessa jornada.

Podemos ainda fazer uso do rebranding quando a organização busca expandir sua atuação para novos mercados e públicos. Ou mesmo quando uma empresa controladora compra ou se junta à outra menor. Nesse caso, nosso papel é potencializar o melhor das duas. Precisamos entender qual marca tem mais valor e melhor representa o novo momento. Essa decisão não deve ser precipitada. Deve ser um processo cuidadosamente planejado e executado para garantir que a empresa se mantenha relevante para todas as partes envolvidas.

O DESAFIO DE AMPLIAR A TEIA DA REDE DE MÁQUINAS DE CARTÃO NO BRASIL

O rebranding também tem papel importante quando uma empresa recebe investimento de um fundo de Venture Capital e deve implementar um plano, em geral de cinco anos, para mudar de patamar e preparar-se para abrir o capital na Bolsa de Valores (IPO). A marca, afinal, é um dos principais ativos levados em conta por investidores.[50] Um caso importante em que atuamos foi o da marca Rede, que operava as maquininhas de pagamento do Itaú, inserida então em uma complexa trama de concorrentes.

---

50 A análise chamada de fundamentalista considera em seu escopo diferentes indicadores que, juntos, buscam dar conta de um exame mais detalhado das melhores empresas para investimento. Como parte da análise qualitativa, a atenção dessa análise se volta para aspectos mais subjetivos, como o peso da sua marca e da sua reputação no mercado. Disponível em: https://www.infomoney.com.br/guias/analise-fundamentalista/. Acesso em: 29 out. 2023.

Como em uma ciranda, o PagSeguro compete com o Itaú que, por sua vez, também compete com iFood, e por aí vai. Em um cenário em que não é fácil mapear a concorrência, precisamos estar muito atentos para entender quem pode atrair o bolso e o coração do nosso cliente. À época, a Rede, ainda chamada de Redecard, era uma empresa de capital aberto.[51] Sua história começa em 1970, quando foi fundada como Credicard, uma empresa conjunta do Citibank Brasil, Itaú e Unibanco. É importante lembrar que, há cinco décadas, o mercado de maquininhas era muito mais regulado e fechado do que hoje. Redecard aceitava apenas cartões de bandeira Mastercard, seguindo os passos da Visanet, que só aceitava cartões com bandeira Visa.

Essa situação, porém, estava prestes a mudar radicalmente. Em março de 2007, o consórcio Redecard, constituído também pelos acionistas controladores, foi encerrado. Desse modo, seus ativos, direitos e suas obrigações foram integralmente transferidos para a Redecard que, em junho do mesmo ano, abriu seu capital na Bovespa. A oferta movimentou cerca de 4,07 bilhões de reais, acima das expectativas iniciais, de 3,16 bilhões. O IPO marcou a saída da Mastercard do capital da adquirente e foi um ponto de virada dessa história.

Nesse novo momento, já em 2009, chegava ao fim o contrato de exclusividade firmado entre a Redecard e a Mastercard, em um esforço do CADE de quebrar o até então duopólio existente no mercado de adquirência brasileira. Assim, em julho de 2010, a empresa passou a aceitar cartões de bandeira Visa. No embalo de tantas mudanças, em outubro de 2012, a companhia deixou de ser uma empresa de capital aberto e tornou-se subsidiária integral do Itaú.

Em 2013, nesse momento de completa ruptura, o processo de rebranding bateu à nossa porta. Além do contexto interno, o

---

51 Para conhecer mais sobre esse trabalho, acesse: https://www.anacouto.com.br/cases/rede/. Acesso em: 29 out. 2023.

mercado também estava evoluindo: os pagamentos digitais estavam chegando com toda força. Sem dúvidas, era hora de agir. Mas o que fazer, então? A resposta foi preparar a Rede, que já era sinônimo de máquina de cartão, para uma atuação mais ampla, que incluísse serviços de pagamentos para os varejistas. Além disso, criamos uma logomarca que potencializasse a visão de futuro, e "Rede" nos parecia perfeita para isso.

No entanto, isso também significava perder o que poderia ser uma referência na percepção da marca: Cartão ("Card"). Depois de muita análise, considerando sobretudo que o formato em plástico estava com os dias contados, definimos por "Rede" e trabalhamos para que ela fosse uma marca mais moderna, trazendo a cor laranja para criar sinergia com o Itaú. Desde então, o mercado evoluiu muito, e novos players entraram no jogo, mas a Rede é até hoje uma referência de solução para o lojista e fortalecida pelo ecossistema do Itaú.

TRANSFORMANDO A COSAN: DO ÁLCOOL E ETANOL PARA REFERÊNCIA GLOBAL

Em muitos casos, a decisão por uma fusão ou aquisição forçará escolhas delicadas. Qual o melhor cenário para permitir que duas marcas coexistam? Absorver e descontinuar uma delas ou criar uma nova que representa a integração entre as duas? Nesse tipo de situação, a proposta de valor se expande para novas ofertas e novos segmentos. Aqui é fundamental que a narrativa reflita o passado, mas também aponte o futuro da nova organização.

Interessante analisar a jornada da Cosan,[52] uma empresa que nasceu em 1936 de uma usina de cana-de-açúcar e que, com a ambição e visão de negócio do seu líder, tornou-se um dos players mais importantes do Brasil no mundo. Em 2008, com a compra da Esso no Brasil, a Cosan teve, com a nossa ajuda, a primeira oportunidade de

---

[52] Para conhecer melhor esse caso em que trabalhamos, acesse: https://www.anacouto.com.br/cases/cosan/. Acesso em: 29 out. 2023.

mudança, incorporando a cultura empreendedora e a disciplina de processo herdados da empresa global de petróleo. Nesse momento, definimos o papel importante de crescer no mercado de energia, trazendo a nova marca azul e verde, e criando significado para refletir o crescimento sustentável de um player global.

Dois anos depois, mais um desafio: juntar-se à Shell para somar forças – da produção de energia verde do álcool para o posto de gasolina. Nasceu, então, a Raízen, nome que reflete a proposta de valor "**Raiz** da **En**ergia". Pensado também em associação ao verbo *to raise* (crescer), do inglês, o nome foi colorido de roxo para simbolizar a cana-de-açúcar, trazendo ainda a letra Z como significado para "potência matemática". Gol de placa: hoje, Cosan e Raízen são as maiores companhias do setor no Brasil. Ambas listadas na bolsa, não param de crescer.

Nesse processo de evolução, a Cosan tornou-se uma das maiores corporações do Brasil e tem sob sua gestão marcas que geram mais de 20 bilhões de reais. Além de Raízen, cuida da Moove, Rumo, Compass e Vale. Com crescimento sustentável ao longo dos anos, sua atuação está nos setores de maior potencial do país que, sob sua gestão, torna esses ativos irreplicáveis: energia renovável, agronegócio, óleo e gás, mineração e crédito de carbono.

Em 2023, fomos convidados a revisitar o branding da Cosan e avaliamos como esse potencial todo poderia ter uma percepção mais alinhada com colaboradores, investidores e a sociedade. Após um diagnóstico que investigou a visão que públicos interno, externo e o mercado têm da marca, entendemos que a Cosan era percebida aquém do seu potencial. Havia ali uma grande oportunidade para dar maior clareza ao seu modelo de gestão a fim de posicionar a empresa como líder e referência no cenário global. Para apresentar o seu real valor, partimos de três premissas: criar um propósito simples e potente para direcionar o futuro da empresa, mas sem engessar seus negócios e suas futuras aquisições. E propusemos "o jeito de fazer Cosan" como referência de gestão para o país.

Nem sempre o rebranding é motivado por um elemento externo que entra para o jogo. Às vezes, o desafio está dentro de casa.

A (R)EVOLUÇÃO DO BRANDING

Reforçamos os atributos de personalidade "empreendedora, responsável, ousada e realizadora" para traduzir o jeito de ser da empresa. Em diretrizes claras para o negócio, consolidamos um modelo de gestão que combina investimento com excelência operacional. E evidenciamos a construção de relações que equilibram estratégia com gestão, resultados imediatos com os de longo prazo junto aos colaboradores, parceiros e investidores. Um mundo ideal. Não tinha por que fazer por menos.

Substituímos o discurso ESG pelo de *Responsible Print Cosan*, um termo proprietário que direciona e integra as práticas sustentáveis, éticas e transparentes da empresa. Para mensurar o valor do negócio, definimos diferenciais que traduzem um jeito único de fazer: uma investidora que aposta nas potencialidades brasileiras e reúne grandes lideranças para levar negócios ao seu máximo potencial. O posicionamento inspira pelo exemplo e é sintetizado na tagline "Faz acontecer", mostrando a força da marca como agente de transformação.

Para expandir a exposição da marca, uma estratégia integrada de mídia planeja levar a mensagem para públicos-chave no Brasil, Estados Unidos, Emirados Árabes e Europa. Partindo de um marco inicial, o Cosan Day, evento voltado para analistas e investidores, o primeiro momento da estratégia é pautado em contar o que Cosan faz acontecer, mostrando como a marca impulsiona as potencialidades do Brasil. De empresa gigante para país gigante.

A DIFÍCIL DECISÃO DO MOMENTO DE MUDAR DE NOME: LEVEROS E ENAUTA

Muito importante também é entender para onde a organização pode crescer e se o nome da empresa é uma âncora que está dificultando esse novo momento. Em geral, isso acontece quando a marca não representa mais a organização, e o seu nome está vinculado a algo que não mais reflete o negócio. Um caso emblemático dessa situação é a mudança da Telefônica que, no Brasil, virou Vivo. Dar um nome muito vinculado a um produto é sempre um risco grande. Como nas últimas décadas o telefone perdeu a relevância na vida das pessoas, a empresa precisou expandir os seus serviços, e o nome não comportava mais essa nova fase. Logo, a definição de um nome deve contemplar muito mais uma visão de mundo mais ampla do que focar o seu produto.

Trabalhamos em um desafio muito representativo desse contexto. Idealizada por Tiziano Pravato, a empresa Leveros[53] nasceu como Gelosom, uma prestadora de serviços autorizada pela Brastemp. Em 2005, passou a se chamar Multi-Air. Mas essa marca não preparou a empresa para alcançar todo seu potencial. Era a marca líder do segmento de climatização no Brasil, com uma história de trinta e nove anos, e passava por um grande momento de transição: a entrada do Fundo de Investimento 2bCapital e a estruturação de novos serviços e negócios.

Pioneira em seu segmento na atuação em e-commerce, a Multi-Ar quis concretizar sua ambição de ser a marca referência em climatização tanto para o público B2B quanto para B2C. O desafio era fazer a marca se destacar e abordar as questões típicas de um mercado com baixíssima diferenciação e alta informalidade, que fazia com que todos os integrantes de seu ecossistema, em especial o cliente e o instalador, saíssem prejudicados. Apesar de ser invisível para o consumidor final, a Multi-Ar já era referência positiva para fabricantes, varejistas e instaladores, sendo estes os maiores influenciadores da decisão de compra do consumidor final. Enxergamos um grande potencial não só em ampliar sua atuação, mas mudar a percepção de valor de um serviço que parecia estar deixando dinheiro na mesa.

No entanto, o mercado, guiado pela guerra de preços e pela agilidade de entrega do produto, dificultava uma maior fidelização dos instaladores, que se sentiam desamparados na hora de resolver

---

[53] A descrição completa desse caso está disponível em: https://www.anacouto.com.br/cases/leveros/. Acesso em: 29 out. 2023.

problemas com o consumidor final e sem voz perante as grandes empresas fabricantes e varejistas. Mudar esse cenário era a grande oportunidade para colocar a Multi-Ar em um novo patamar. Suas características mais fortes mostraram o caminho: seu "profissionalismo, proximidade e prazer em servir" deveriam ser o centro de tudo o que a marca faz.

Além de se propor a resolver ativamente as questões do ecossistema do qual faz parte e elevar o nível de seus serviços, a Multi-Ar deveria ser exemplo para seus parceiros, inspirando e exigindo mais profissionalismo, excelência e simplicidade para, assim, conquistar a confiança do consumidor final e contribuir para a transformação do mercado.

Sendo assim, o nome Multi-Ar, descritivo e genérico, precisou ser revisto para que traduzisse sua nova promessa. Passou então a chamar-se Leveros, criado a partir do anagrama, ou transposição de letras, da palavra "resolve". Desse modo, "Leveros" traduz de maneira simples e direta a proposta da marca: resolver as questões do mercado por meio de profissionalismo, simplicidade, serviços de excelência e parceria que gera negócios e, de fato, facilitando a vida dos instaladores. Recomendamos a mudança de nome, mesmo sabendo que não estava no escopo da contratação. Na época, o CEO Tiziano Giordano Pravato Filho nos confessou ter ficado um mês sem dormir para conseguir se decidir por uma mudança tão radical. Tudo isso aconteceu em 2017 e, desde então, essa decisão se mostrou acertada.

Baseada no conceito de transição, tanto da marca quanto do negócio, a nova versão equilibra leveza e robustez, com letras e cores que transitam do pesado para o leve conforme a mudança de temperatura. Seu universo visual é repleto de grafismos cuja intenção foi transmitir seriedade e profissionalismo, mas também conforto e acolhimento, além de diferenciá-la dos códigos típicos da categoria. A partir de todas essas mudanças, a empresa ampliou sua atuação e vem crescendo com consistência e diferenciação.

Olhando para os projetos de casa, um caso relevante nesse contexto foi o rebranding da Enauta, a antiga QGEP – Queiroz

QUANDO É HORA DE UM REBRANDING? • 119

Galvão Exploração e Produção. Única empresa do grupo com capital aberto na Bolsa, tinha uma série de desafios para evoluir seu negócio e desvincular-se da família. Com o olhar no cenário mundial, nas demandas da sociedade e na vontade de mirar no futuro, recebemos o desafio de criar a sua nova estratégia de branding, alinhando marca, negócio e comunicação. Para isso, o projeto respondeu a três perguntas:

- Como a marca da empresa pode potencializar o negócio e criar novas associações sem perder a credibilidade conquistada ao longo dos anos?
- Considerando as mudanças no mercado de Óleo & Gás no Brasil e no mundo, qual a estratégia de negócios que garante a sustentabilidade da QGEP?
- Como estabelecer um relacionamento com os públicos de interesse de modo a ganhar relevância em um mercado B2B?

Foram entrevistados executivos, parceiros estratégicos, clientes e líderes de comunidades locais onde a empresa atua. Fizemos um estudo profundo da concorrência e *benchmarks*. A estratégia de branding foi pautada no desafio de negócios da empresa, que expande o posicionamento do segmento de Óleo & Gás para o de Energia. Visando posicionar a organização de maneira mais estratégica no ecossistema, embarcamos na desafiadora missão de criar um novo nome e uma nova marca.

O trabalho foi desenvolvido em completa colaboração entre cliente e agência, unindo o time da agência com o presidente, membros do conselho e executivos da QGEP. Assim nasceu a Enauta.

Inspirados nos "argonautas", criamos os "navegadores de energia", um nome diferenciado que reforça os atributos da marca, apontando para o compromisso com o mercado de energia no Brasil e no mundo.

Reforçamos os seus diferenciais de serem experts em águas profundas, já construídos no segmento de Óleo & Gás, para refletir o novo momento. A nova marca cria associações relacionadas à coragem e à expertise que refletiu o caminho de sucesso na exploração e produção de ativos nos últimos vinte anos, além de reforçar o comprometimento histórico com ações de sustentabilidade.

Assim, fortalecemos a intenção da marca de seguir em busca da energia de que o mundo precisa, e também o orgulho de uma empresa que é expert no território brasileiro e que acredita no poder de novos começos.

UMA AQUISIÇÃO, DUAS CULTURAS: A ELETROMIDIA E SUA AMBIÇÃO DE EXPANDIR NO SEGMENTO

Outro bom momento que ilustra a melhor hora para rebranding é o trabalho feito para a Eletromidia,[54] que começou um grande plano de expansão do negócio comprando a concorrente Elemidia. A empresa consolidadora é um dos principais players de mídia OOH (*Out Of Home*), isto é, focada em publicidade feita em ambientes de movimentação pública, como banners e cartazes em prédios, metrôs, ônibus etc., que visa alcançar as pessoas em seus trajetos diários. Ao adquirir a Elemidia, ela acabou se tornando uma das maiores da América Latina. Um feito e tanto, diga-se de passagem. Para garantir que essa fusão entre as duas marcas unisse o melhor de cada uma, era necessário um trabalho aprofundado e bem elaborado, cuja empreitada compreendesse as diversas complementaridades, além das oportunidades e dos pontos de dor a serem melhorados.

Diante desse cenário, compreendemos que seria preciso agir em pelo menos três frentes: a primeira seria trazer à tona os grandes diferenciais de cada uma, para tornar a nova mais relevante

---

54 Para entender melhor o que fizemos nesse caso da Eletromidia, você pode acessar o endereço: https://www.anacouto.com.br/cases/eletromidia/. Acesso em: 29 out. 2023.

e presente na vida de seus públicos. Isso permitiria a construção de um relacionamento saudável não só com os anunciantes, mas também com as agências. Em segundo lugar, entendemos que seria primordial conversar com o consumidor final – e não só com os anunciantes –, como de hábito das marcas do mercado mais tradicional. E, por último, entendemos que seria importante construir uma personalidade que refletisse uma marca com estilo de vida urbano e criasse essa conexão com os transeuntes da cidade. Eletromidia não seria somente uma janela, uma tela em um ponto de ônibus, mas uma marca que colaborasse para que as pessoas tivessem uma "rotina extraordinária".

Ao longo do diagnóstico, percebemos quão admiradas eram essas marcas e como havia potencial e vontade de fazer diferente. Com esse esforço a muitas mãos, chegamos ao propósito da organização: "tirar a mesmice do caminho". Definimos que a proposta de valor seria trazer uma jornada completa com métricas e tecnologia de ponta, e seu posicionamento se refletiria na tagline "*Urban Conection*". Foi por esse motivo, portanto, que criamos um símbolo inspirado em mapas e esquinas de ruas, trazendo, assim, o lado pulsante de estar nesses locais de trânsito.

O objetivo era construir uma marca com personalidade forte e que representasse o estilo de vida das ruas, descolado e energético, com grafismos e cores que remetessem diretamente a ícones urbanos, como a faixa de pedestres e os semáforos. Uma marca que "chegou chegando", abrindo caminho para o negócio crescer. Todo o trabalho estratégico e criativo foi pensado para consolidar a Eletromidia como uma marca que é, de fato, diferente dos seus concorrentes tradicionais do mercado B2B.

O que percebemos, porém, é que muitas vezes a oportunidade está justamente em quebrar essa premissa do mercado B2B e gerar relevância para o consumidor final. Deixando, assim, de ser uma venda de tela e passando a ser uma plataforma de comunicação que está integrada na jornada das pessoas: do elevador até o ponto de ônibus. É aí que está o valor: uma empresa que traz dados e tecnologia para o anunciante com gestão de métricas claras, de com quem e onde a marca pode se comunicar.

A aquisição da Elemidia foi em 2020. O IPO ocorreu menos de um ano depois, em janeiro de 2021, tornando-se a primeira AD tech (de tecnologia da publicidade) a entrar na Bolsa de Valores do Brasil. Em 2023, além de ter feito novas aquisições, complementando todo o inventário por regiões, a empresa atraiu novos sócios de peso, foi a que mais valorizou suas ações e melhorou seus resultados, superando os tempos difíceis em que as ruas ficaram vazias, perdendo a receita dos anunciantes. Isso só comprova que, em tempos de crise, é hora de se mexer.

FIAT: QUANDO PERDEMOS A LIDERANÇA, É HORA DE APERTAR OS PARAFUSOS

Nem sempre o rebranding é motivado por um elemento externo que entra para o jogo. Às vezes, o desafio está dentro de casa. Se uma empresa não cresce ou perde a liderança, é preciso reagir. Olhar para dentro é sempre a melhor maneira de resolver o problema. Assim, entendendo melhor os "porquês" da situação, o próximo passo é traçar a rota de saída.

Foi o que aconteceu com o desafio da Fiat em 2020.[55] Uma das marcas mais amadas e conhecidas no Brasil, líder de vendas por onze anos. Com a criação da FCA (Fiat Chrysler Automobiles), a Fiat ficou em segundo plano por conta da consolidação da marca Jeep no país. Com todo o time de executivos envolvidos e superengajados, começamos a entender quais foram os detratores que levaram à perda de espaço. Primeiro, a comunicação do produto carro andava bastante pasteurizada, falando somente de modelos com uma relação muito transacional e desconectada do emocional do brasileiro. A relação com a revenda precisava de atenção, pois estava gerando uma ex-

---

55 Para entender melhor como encaramos esse desafio, acesse: https://www.anacouto.com.br/cases/fiat/. Acesso em: 29 out. 2023.

periência ruim de venda. Precisavam também trazer mais inovação nos produtos.

Mas havia muita coisa boa na história dessa marca ítalo-brasileira, espontânea e encantadora como uma mesa de almoço italiana. E, claro, muito pop e conectada com as ruas, com a busca por novos caminhos e com a cultura brasileira. Nesse cenário, fizemos um rebranding resgatando as bandeiras de quatro hastes com as cores italianas – ícone estiloso e afetivo da Fiat nos anos 1980 e 1990. Foi definida a nova assinatura, "a paixão move" para refletir o propósito "Apaixonados por cada caminho", que fala da história de respeito nas escolhas são feitas por paixão. O time de produto trouxe para os novos modelos a flag Fiat para o carro ficar mais *branded* e direcionamos a experiência nas concessionárias.

O time de produto da Fiat cuidou de novos lançamentos, reforçando o novo posicionamento, e, com essa orquestração e grande disciplina de execução, a marca recuperou a liderança. Em 2021, a empresa registrou 61% de crescimento de vendas e aumentou o share de mercado de 13% para 21%. O sucesso nesse caso pode ser atribuído ao total envolvimento das lideranças da empresa, muito foco e disciplina na execução da estratégia definida em todos os pontos de relacionamento da jornada do consumidor.

Como sempre digo e repito, branding é um processo eterno de geração de valor. É preciso estar atento, testar, avaliar e, sim, assumir riscos, não ter medo das mudanças. Organizações evolutivas são inovadoras e sabem se adaptar para se manterem relevantes.

É PRECISO CONFIAR NO PROCESSO

Falamos sobre momentos que o rebranding se faz imprescindível. Mas, para empresas que não têm nenhuma metodologia guiando seu valor intangível, é melhor prestar atenção que você pode estar fazendo muito esforço e colhendo poucos dividendos. Vamos entender agora alguns ingredientes imprescindíveis para que o processo de branding seja efetivo. Primeiro, é fundamental envolver toda a liderança executiva da organização. Com o time executivo e a liderança do CEO, construímos juntos a visão de como a empresa quer construir valor definido no "é, faz e fala". Assim, ao longo do processo, conseguimos construir alicerces profundos de valor pelos quais queremos ser percebidos.

Tudo se inicia a partir de um diagnóstico, uma tarefa complexa que exige conhecimento profundo da dinâmica do segmento de mercado do seu cliente. Sabemos que alguns setores, como os de energia, financeiro, bens de consumo, holding, beleza etc., possuem particularidades bastante específicas; embora o processo e o método se apliquem da mesma maneira, só os insumos é que são diferentes. E como a eficácia dos resultados depende desse diagnóstico, da qualidade das informações obtidas nessa etapa do processo, não se deve hesitar em convidar os líderes para refletirem sobre pormenores da organização: como eles fazem uma jornada de compra, como analisam o site como um cliente ou um possível talento, como entendem que essas orquestrações podem deixar muitas pontas soltas. Enfim, terem uma visão holística pelos olhos de outros atores.

Contudo, antes mesmo de iniciar o desenvolvimento de qualquer estratégia que se pretenda ser impactante, é fundamental dispor de um método que nos habilite à criação de valor. Durante a nossa trajetória, desenvolvemos uma metodologia que oferece a consistência necessária para alcançar os resultados que almejamos. Esse processo engloba diferentes perspectivas sobre a organização, tudo isso a fim de dar conta da complexidade e dos desafios que envolvem a construção de valor pelo branding.

CRUZAR INFORMAÇÕES E DADOS É A BASE PARA UM BOM DIAGNÓSTICO

Ter um processo claro é fundamental para abordar os problemas e encontrar soluções de maneira estruturada e eficaz, seja no momento de nascimento de uma empresa ou para decidir os próximos passos de uma grande corporação. Sem isso, mesmo algo simples torna-se trabalhoso e quase sempre improdutivo. Para realizar um bom diagnóstico, é essencial ter dados confiáveis em que embasar qualquer estratégia ou decisão, por isso adotamos uma abordagem que considera análise da marca e seus assets diferenciados, entende proposta de valor para os clientes e o seu modelo de negócio e como os esforços de comunicação são efetivos. A partir daí, essas perspectivas cruciais são coletadas: a Visão Interna (VI), a Visão Externa (VE) e a Visão do Mercado (VM).

Iniciamos nossa abordagem analisando a Visão Interna (VI) da organização. Nessa etapa, buscamos entender em uma série de entrevistas e reuniões não apenas a perspectiva dos executivos sobre o futuro do negócio, mas também consideramos a trajetória que a organização percorreu para alcançar seu estado atual. Isso nos permite traçar conexões entre as escolhas feitas e os resultados obtidos, fornecendo insumos para a elaboração de estratégias bem fundamentadas.

A partir de um ponto de vista que se inicia dentro da própria organização, podemos ter uma compreensão mais clara dos aspectos que funcionam bem dentro da empresa e buscar fortalecer esses processos. Paralelamente, essa abordagem nos capacita também a identificar áreas que podem ser aprimoradas, lançando luz sobre possíveis oportunidades de melhoria. Essa análise, naturalmente, influencia diretamente a estratégia que será implementada no decorrer do processo. Buscamos alinhar entre os diferentes executivos qual é a visão de futuro da companhia.

Na etapa Visão Externa (VE) vamos entender a percepção dos consumidores e de outros stakeholders que não pertencem à organização. Nesse contexto, precisamos considerar sobretudo o que eles observam e valorizam. Utilizamos entrevistas em profundidade para aferir resultados junto a públicos mais estratégicos; pesquisas qualitativas de grupos focais para levantar alguns sinais; e aplicamos pesquisa quantitativa para trazer dados às percepções. Avaliamos o cenário com metodologia do Valometry, que traz premissas para identificar KPIs iniciais do branding e, depois do lançamento, podermos acompanhar sua gestão contínua na ferramenta BVS – *Branding Value Score*. Ambos ajudam a entender, sob a perspectiva externa, o que está tirando valor ou desconectando os consumidores, e trazer insights dos pontos de melhoria. Nessa investigação, ampliamos o nosso olhar para além das fronteiras da empresa e avaliamos como os consumidores também enxergam a oferta do concorrente.

Por fim, mas de igual importância, buscamos compreender também a Visão do Mercado (VM). Nesse ponto reside a necessidade de compreender o mercado e a própria organização, não apenas a partir do que ela oferece em termos de produtos e serviços, mas como gera diferenciação frente ao posicionamento dos seus concorrentes e *benchmarks*. Os benefícios dessa abordagem são expressivos. Enquanto os concorrentes nos garantem a base para identificar de qual maneira podemos nos destacar e inovar no mercado, os *benchmarks* nos oferecem a oportunidade de aprender com as melhores práticas adotadas por empresas de outro mercado. Analisamos também um quadro de *equities*: cores, formas, imagens, tagline e sites de todos no mercado. Assim, saberemos o que não fazer.

Essa noção de concorrência, é importante destacar, não se limita apenas às empresas diretamente concorrentes, uma vez que ela se manifesta em diversas formas (um exemplo que sempre utilizo é o caso emblemático de Frozen, que nasceu como um filme e, de repente, virou concorrente direto das bonecas Barbie). Há concorrentes também em diferentes lugares; por isso precisamos estar atentos nessa etapa do método para englobar todos os atores do cenário. Em meio a essa complexidade, compreender as nuances dos players do mercado se torna uma peça-chave para o desenvolvimento de estratégias bem-sucedidas.

Essas três análises combinadas (VI, VE e VM) são a base para colher informações e dados que revelam uma visão bastante clara de como a empresa é vista por seus stakeholders internos e externos. Assim, podemos entender o que já é valorizado e onde há espaço para melhorias.

É preciso estar
sempre avaliando
os resultados e
a falta de boa
performance para
corrigir a rota,
se necessário.

A (R)EVOLUÇÃO DO BRANDING

DECUPAR INFORMAÇÕES PARA DECODIFICAR SEU VALOR

Com base nas informações coletadas no processo de diagnóstico, começamos a decupá-las em uma única ferramenta chamada Decodificador de Valor. A finalidade é dar clareza nos pontos de melhoria e no potencial de crescimento de uma organização. É aqui que conseguiremos identificar os impulsionadores (aquilo que trouxe a organização até o lugar onde ela está hoje) e os seus detratores (pontos onde a empresa está perdendo valor e precisa melhorar), e quais são seus aceleradores (oportunidades de crescimento que ainda não foram capturadas).

A partir dessa análise, conseguimos direcionar a estratégia que vai servir como bússola, ou GPS. Essas informações nos auxiliam a entender melhor onde estamos, para onde devemos ir e, sobretudo, como chegar lá. Assim será possível aferir com mais clareza resultados a médio e longo prazos, definindo onde a organização está atualmente, onde quer estar em cinco anos, em dez anos e assim por diante. Com o Decodificador de Valor, definimos o DE_PARA, o GPS para o cliente trabalhar em um plano de ação que acelere a mudança pretendida. É assim que obtemos as nossas diretrizes, abordando sempre as dimensões de marca, negócio e comunicação.

É bastante positivo o fato de que essa clareza de finalidade cultiva terreno fértil para a autonomia, permitindo que os colaboradores tomem decisões embasadas nas diretrizes estabelecidas pela liderança. Isso não apenas promove um ambiente mais dinâmico e criativo, mas também estimula a aprendizagem contínua. A organização e seus membros podem avaliar constantemente os resultados obtidos, identificar o que está funcionando e o que precisa ser ajustado.

Quando a estratégia está definida, entrar em campo é crucial para ver se ela está funcionando. Por isso, a gestão de valor funciona como relógio de atleta, medindo a "saúde" do branding. É preciso estar sempre avaliando os resultados e as carências da performance para corrigir a rota, se necessário. Assim, podemos analisar tanto as iniciativas já tomadas pela empresa, identificando aquelas cujo resultado foi positivo ou negativo, quanto delinear objetivos de médio e longo prazos.

SÓ DÁ PARA GANHAR O JOGO QUANDO O TIME TODO ENTRA EM CAMPO

Uma vez definido o trabalho de estratégia de branding, precisamos engajar toda a organização. Independentemente da função exercida, todo o time desempenha um papel crucial na formação da percepção de um conceito forte. Desde a alta gerência até a base da hierarquia, todos devem estar alinhados com a estratégia e o propósito desenvolvidos. Afinal, a implementação do branding não é uma tarefa isolada ou responsabilidade do Marketing, mas um trabalho coletivo que permeia todos os aspectos da empresa.

E aqui chamo a atenção para a importância de alinhar a estratégia com a execução na rotina diária do time. Ela não pode ser apenas um plano teórico ou muito conceitual que dificulta a execução na ponta. Precisamos ter um método que possa ser acionável em todos os âmbitos da empresa. É preciso ser simples e efetivo, afinal mudar de direção toda hora não ajuda a construir nada. Por isso a importância de um método claro e bem embasado, que vamos entender melhor no próximo capítulo.

Como diz uma frase famosa do CEO da Procter & Gamble, a estratégia boa é aquela que o consumidor enxerga. LaFley, CEO que levou a P&G para um outro patamar, sempre reforçou muito bem o papel da estratégia corporativa. Na sua fala, podemos entender bem seu ponto de vista: "Estratégia é um conjunto coordenado e integrado de opções sobre onde jogar, como vencer, sobre capacidades essenciais e sistemas de gestão que atendem exclusivamente às necessidades do consumidor, criando, assim, vantagem competitiva e valor superior para um negócio. A estratégia é uma maneira de vencer – e nada menos".[56]

De um modo geral, com essa estratégia, o direcionamento se torna muito mais nítido, e a implementação ocorre com base em

---

[56] LAFLEY, A. G.; MARTIN, R. L. **Playing to win:** how strategy really works. Massachusetts: Harvard Business School Press, 2013.

resultados concretos do feedback contínuo. O trabalho que realizamos para a Uol pode gerar alguns aprendizados sobre esses pontos. O portal é uma empresa brasileira criada há mais de vinte e cinco anos que, embora tenha uma trajetória bastante consistente no mercado nacional, revelou déficits na área de comunicação e a necessidade de modernização de sua marca.

O CASO DA EMPRESA UOL, PORTAL PIONEIRO DA INTERNET

Criada há mais de vinte e cinco anos, lá em 1996, a empresa de conteúdo, serviços digitais e tecnologia Uol (Universo Online)[57] foi o primeiro portal de internet no Brasil e o grande responsável por conectar os brasileiros à rede digital. Do primeiro e-mail ao seu icônico bate-papo e notícias, o Uol foi um verdadeiro divisor de águas na vida digital de milhões de pessoas. Desde então, a organização soube evoluir e reinventar seu negócio enquanto muitos de seus antigos concorrentes desapareceram. No entanto, apesar de ser um negócio de sucesso consistente e com alta capacidade de inovação, a empresa precisava reforçar a sua cultura de branding, o que criou dois grandes desafios de percepção de marca.

O primeiro desafio surgiu a partir do resultado de uma pesquisa que apontou que uma parte do público final não sabia que o Uol era muito mais do que um portal de notícias. Nosso objetivo era mudar essa história. Já o nosso segundo desafio foi modernizar a marca para acompanhar as grandes inovações pelas quais a companhia passou nos últimos anos. Em um trabalho integrado com o time de marketing e design da Uol, definimos a estratégia e cocriamos a revitalização da marca.

Para evoluir o posicionamento da Uol, o ponto de partida foi valorizar sua origem e o papel que a marca desempenha diariamente

---

[57] A descrição completa desse caso você encontra no endereço: https://www.anacouto.com.br/cases/uol/. Acesso em: 29 out. 2023.

na vida de milhões de pessoas como um pacote de serviços. Assumimos, então, como propósito "conectar cada brasileiro ao seu universo, informando, entretendo e facilitando a vida de cada um". Visão de mundo estabelecida, o nosso próximo passo foi organizar o portfólio de produtos e marcas com o objetivo de espelhar essa lógica e evidenciar a amplitude do negócio. Para isso, desenvolvemos uma arquitetura capaz de garantir que todas as marcas de conteúdo e serviços digitais tivessem sinergia e que gerassem valor tanto para si quanto para a marca-mãe.

Essa revitalização da marca e de seu universo visual precisava dar conta de quatro premissas: era primordial preservar seu reconhecimento; melhorar sua performance nos pontos de contato, sobretudo os digitais; ter um sistema visual mais flexível que comportasse sua amplitude de atuação e seu portfólio; além de transmitir mais personalidade, rejuvenescendo sua imagem. No logotipo, trouxemos mais personalidade com as letras em caixa-baixa e conectadas. Além disso, demos mais destaque para a circularidade da letra "O", que interage com a marca e pode até comportar imagens.

No trabalho final, resultado de um processo rico de cocriação com o time executivo e criativo da Uol, buscamos valorizar o projeto da tipografia original da marca, suas imagens e universo verbal, reforçando sua credibilidade e, ao mesmo tempo, evidenciando como a empresa se orgulha de ser "brasileiríssima". Foi a partir dessas estratégias, e realizando essa renovação em sua comunicação que, diante de concorrentes globais, a Uol conseguiu se diferenciar das demais plataformas de conteúdo e serviços digitais por conhecer e representar tão bem o brasileiro na internet, com todas as suas peculiaridades.

TAKE AWAYS – CAPÍTULO 5

- Quando o mercado muda, é preciso perceber a hora do rebranding para se manter relevante.

132 • A (R)EVOLUÇÃO DO BRANDING

- Trocar o nome de uma empresa é decisão difícil, mas melhor fazê-la do que investir em uma marca que vira uma âncora, impedindo o crescimento.

- Na hora de fazer aquisições, aproveite o melhor de cada cultura e estruture qual é a visão de futuro desse novo momento de companhia.

- Quando há perda de mercado, é hora de apertar os parafusos da engrenagem.

- Quando entramos no processo, é preciso confiar.

- É fundamental envolver toda a liderança executiva da organização no processo de branding.

- Trazer insumos para o diagnóstico é a chave para obter uma visão integral da empresa e do ambiente onde está inserida.

- Decodificar valor é entender o que impulsionou a organização, identificar quais os detratores a combater e mapear os aceleradores para agilizar o crescimento.

- Alinhar a estratégia corporativa à estratégia de branding é acelerar crescimento e valor.

- Execução é chave para o sucesso, e esse alinhamento deve ser claro para que o time vá na direção certa.

A implementação do branding não é uma tarefa isolada ou responsabilidade do Marketing, mas um trabalho coletivo que permeia todos os aspectos da empresa.

A (R)EVOLUÇÃO DO BRANDING

6

Como criar valor nas dimensões do branding: propósito, marca, negócio e comunicação

Desde que a agência Ana Couto foi fundada, aprendemos, refinamos e criamos o que entendemos por construção de valor, um conceito simples em essência, mas complexo na execução. Nesse contexto, surge a pergunta sobre qual seria o primeiro passo para resolver essa complexidade. A resposta é metodologia. Adotar um método ilumina a todos os integrantes de uma organização sobre "o caminho para chegar lá".

Nesse momento, é de suma importância a utilização de *framework*. O mais estruturante deles é a Plataforma de Branding – cuja analogia é decifrar o código genético da organização. Todos os insumos para que essa genética capture a valor da marca parte do processo de diagnóstico que vimos no capítulo anterior. Todo o conjunto de diretrizes que ajuda a organizar e a orientar as estratégias adotadas pela empresa. O *framework* fornece uma estrutura conceitual e prática para que essas estratégias possam ajudar a dar consistência ao longo da evolução da organização e garantir uma operação do dia a dia alinhada às aspirações da empresa.

Quando cuidadosamente bem delineados e estrategicamente pensados, esses conceitos podem ser traduzidos de modo simples e acessível. Não precisamos de slides sem fim e um treinamento enfadonho para passar as diretrizes. A chave aqui é o *onepage* da Plataforma de Branding.

Na AC temos um mantra que consideramos chave para a criação de valor: "A marca É, o negócio FAZ e a comunicação FALA". Ele diz respeito a saber além de quem ou o que a marca é, descobrir qual a sua proposta de valor e como sua narrativa transmite consistência na comunicação. Isso é o que chamamos no branding de "criação de valor".

Para minimizar os riscos associados à postura das marcas, é essencial que as organizações façam uma reflexão profunda sobre suas convicções e estabeleçam valores e propósito autênticos que realmente passem a permear todas as áreas e ações da organização. Além disso, é vital uma comunicação transparente, para que os consumidores possam entender e avaliar a coerência entre discurso e prática. Sem esse alinhamento, a visão de propósito corre o risco de se tornar vazia e inconsistente ou somente marqueteira. É preciso cumprir a promessa feita.

O branding pode ser utilizado tanto por empresas mais maduras e que estão no mercado há bastante tempo, quanto pelas menores, como startups, e até mesmo por países, regiões e cidades que pretendem ser revalorizados. Há vários esforços de cidades que se utilizaram do branding, como Nova York, quando lançou o I LOVE NY – a famosa logomarca feita pelo lendário designer Milton Glaser, que resgatou a autoestima da cidade em um momento turbulento da década de 1970.

Esse esforço feito pelo Departamento de Desenvolvimento Econômico do estado de NY virou símbolo da cidade, independentemente do governo ou partido político. Em 2023, a marca foi revisitada e substituída por WE LOVE NY, para que a cidade voltasse a brilhar como *hub* global pós-pandemia. Essa estratégia teve grande alcance e mobilização de todo o ecossistema de moradores e turistas e gera muitos recursos tangíveis e intangíveis, tais como o licenciamento de milhões de produtos para a cidade. Quem não tem algo com I LOVE NY em casa?

SER, FAZER E FALAR: A FERRAMENTA QUE DÁ O TOM E O RITMO DA EMPRESA

Muitas pessoas confundem branding com outras disciplinas, como o marketing, a publicidade e o design. Na verdade, ele é composto por diversas áreas e expertises que englobam uma ampla gama de atividades que vão desde o universo visual da marca à experiência do cliente, o tom de voz, o *naming*, a inovação, a proposta de valor, o marketing, o posicionamento, a narrativa, a mídia programática e a publicidade. Foi compreendendo essa composição plural do branding que chegamos à filosofia adotada na agência Ana Couto: marcas são como pessoas que precisam ser, fazer e falar, ou seja, não se trata apenas de uma marca, ou de

COMO CRIAR VALOR NAS DIMENSÕES DO BRANDING • **137**

apenas um produto e muito menos de somente uma campanha. É a orquestração de todos esses aspectos ao longo do tempo e das ações que constroem um branding marcante.

O PRIMEIRO PASSO É DEFINIR O MAIOR TALENTO DA ORGANIZAÇÃO

Identificar o código genético da empresa, ou, tecnicamente falando, criar sua Plataforma de Branding, começa por sua definição de propósito. Esta palavrinha que usamos muito, e que parece estar na moda, tem realmente um papel fundamental para dar coerência à evolução do negócio. Precisamos, antes de mais nada, identificar qual o talento que está no DNA da organização, que guia as pessoas e envolve o ecossistema. Muitas empresas não têm propósito de maneira explícita, mas todas que cresceram de modo saudável entenderam bem como seu talento poderia impactar a sociedade da melhor maneira. A importância de refletir sobre a visão de mundo da marca, a necessidade de comunicar esse ponto de vista e o impacto positivo que essas ações podem gerar é mais que premente.

Aprendemos bastante com os modelos de negócio que estão usufruindo de maior crescimento e impacto global. São marcas que regem um ecossistema poderoso, como um sol que emana luz e gravidade para os planetas que giram em torno dele. Quando avaliamos o caso do Google, cujo propósito é "organizar as informações do mundo", surge um talento forte que é a capacidade de construir uma série de derivações em torno dessa visão, como Google Maps, Google Translate, Google Art etc. Podemos citar ainda o exemplo de outra empresa que também inspira todos a perseguir um propósito com impacto no mundo; e, ao entrar nesse processo de decifrar seu talento, buscar nos primórdios as motivações que fizeram parte da infância da organização é um excelente começo. Não defina um propósito que não seja autêntico e único.

LEGO: A CONSTRUÇÃO DE SONHOS QUE RESSIGNIFICOU UMA MARCA

Um bom exemplo de empresa que soube decodificar o seu valor é a gigante Lego. Praticamente onipresente, toda pessoa em algum momento da vida se relaciona com essa marca que tem muito a ensinar a respeito de construção de valor. Criada ainda na década de 1930, o próprio nome da empresa já nasce com significado, fruto da combinação de duas palavras em dinamarquês, *leg godt*, ou "brincar bem".[58] Sua trajetória é uma história de sucesso pelo menos até o ano de 1998, sempre apresentando resultados incríveis sem jamais sofrer prejuízos. É apenas a partir de 2003 que essa organização começa a observar os primeiros sinais de problemas: as vendas caíram 30%, gerando um déficit de 800 mil dólares, e já contavam dez anos desde o seu último lançamento.

Buscando razões por trás dessa queda, a empresa descobriu que estava perdendo relevância no mercado porque andava desconectada das crianças da época: as novas tecnologias, como os jogos de videogame, eram bem mais atraentes para os pequenos. E havia ainda a concorrência, que começava a lançar produtos "genéricos" bem mais baratos.

Analisando a marca sob a ótica do decodificador de valor, perceberemos que, entre seus impulsionadores está o fato de ser amada por milhões de pessoas através de gerações, além de ter um portfólio forte de produtos clássicos e um histórico de saúde financeira. Já entre os seus detratores estava um portfólio desatualizado, fruto justamente desses dez anos sem lançar uma novidade, a desconexão com crianças, principalmente meninas, e uma diversidade excessiva e descoordenada de produtos. Quando se debruça sobre os aceleradores da marca, percebemos que a Lego conseguiu ressignificar

---

[58] JUNIOR, A. Experiência do cliente: como o case LEGO se destaca há anos no mercado. **MBA USP ESALQ**, 2 mar. 2023. Disponível em: https://blog.mbauspesalq.com/2023/03/02/experiencia-do-cliente-como-o-case-lego-se-destaca-ha-anos-no-mercado/. Acesso em: 16 out. 2023.

o negócio pelo próprio propósito "inspirar os construtores do amanhã". Várias iniciativas a partir dessa visão mexeram no ponteiro de negócios, como a ideia da cocriação de novos produtos com os consumidores e a expansão para muito além dos cubinhos de plástico.

A marca incorporou ainda a pauta da diversidade na sua cultura, tanto na temática dos produtos quanto nas ações que implementa, produzindo filmes protagonizados por personagens do mundo imaginário da Lego e oferecendo técnicas de treinamento para o mercado corporativo, entre outras iniciativas. Além de inspirar brincadeiras, a gigante dos cubinhos coloridos passava a estimular sonhos e a construir em sentidos bem mais amplos.

O resultado desse esforço foi que, entre os anos de 2008 e 2010, a empresa conseguiu quadruplicar de tamanho, tornando-se a marca mais amada do mundo em 2017. Em 2020, eles conseguiram aumentar as vendas em 20%, e a receita em 13%,[59] tornando a Lego a maior empresa de brinquedos do mundo, com um valor de mercado de mais de 7,4 bilhões de dólares.[60] E não para por aí. Atenta às novas demandas sobre sustentabilidade, a empresa, desde então, está totalmente empenhada em fabricar peças a partir de materiais sustentáveis e faz investimentos na casa de 400 milhões de dólares (2 bilhões de reais) ao ano em sustentabilidade, pois pretende reduzir as emissões de carbono da companhia em pelo menos 17% até 2032, usando o ano de 2019 como referência.[61]

---

[59] LEGO pursues digital initiatives to keep its sales growing. **PYMNTS**, 28 set. 2022. Disponível em: https://www.pymnts.com/news/retail/2022/lego-pursues-digital-initiatives-keep-sales-growing/. Acesso em: 24 out. 2023.

[60] RELATÓRIO revela ranking de marcas de brinquedo mais valiosas do mundo. **EPGRUPO**, 16 fev. 2023. Disponível em: https://www.seudinheiro.com/2019/empresas/lego-compra-rival-da-disney-por-us-75-bilhoes/. Acesso em: 24 out. 2023.

[61] COOBAN, A. Lego desiste de produzir peças com plástico reciclado. **CNN Brasil**. Disponível em: https://www.cnnbrasil.com.br/economia/lego-desiste-de-produzir-pecas-com-plastico-reciclado/. Acesso em: 31 out. 2023.

A Lego é um exemplo de que os propósitos devem ter características fortes que sejam percebidas por todos. Temos nas marcas mais valiosas, como Apple e Amazon, grandes fortalezas nesse sentido. O jogo de valor subiu de nível. É com o propósito definido que entramos na dimensão do "é, faz e fala".

A MARCA É

Quando fazemos a análise de branding ou de rebranding de uma marca, começamos pela investigação do que a marca é, ou seja, dos atributos de personalidade pelos quais ela é percebida. A pergunta que queremos responder nessa etapa é simples: se a sua marca fosse uma pessoa, como você a descreveria? Assim começamos a puxar o fio do novelo. Se a pessoa Google entrasse na sua sala como ela seria: descolada, casual, simpática, um geek bacana de se relacionar? Certamente não estaria de terno e gravata, teria uma atitude leve e prestativa. Sem dúvida, essa percepção da personalidade da Google já é bastante consistente em todo o planeta.

Muitas vezes somos chamados de "terapeutas de executivos"; quando entramos nessas conversas, colhemos visões bem divergentes que personificam a própria marca. Percebe-se, muitas vezes, que o time da liderança vê a marca de maneiras distintas, esse é um forte sinal de desalinhamento. Imagine como essa personalidade de marca é percebida pelos consumidores? Certamente a confusão se amplia. Quando queremos entender melhor os atributos de personalidade da marca, costumamos perguntar ao time executivo e aos funcionários que animal a marca seria. Respostas como dinossauro, pelo gigantismo lento, ou tartaruga, pela falta de agilidade, podem definir em poucas palavras o tamanho do problema que a marca carrega.

Ao definir seus atributos de personalidade é importante fugir de obviedades como qualidade, solidez e ética – consideradas credenciais para estar no jogo, mas não diferenciais de marca.

Ao construir uma personalidade forte e marcante, criamos uma conexão mais profunda com o público-alvo. Isso engloba definir as características e os valores que representam a essência da marca e que serão transmitidos por meio de um universo verbal e visual.

Quando definimos a personalidade da marca, podemos também criar o nome da companhia, se esse for o desafio, como aconteceu, por exemplo, no processo de rebranding da Zamp.[62] A antiga BK Brasil, marca que representa o Burger King no país, se viu com um branding que não representava mais o potencial do seu negócio ao assumir a operação do Popeyes, restaurante de fast food de Nova Orleans, na Louisiana. Essa marca corporativa estava mandando mensagens confusas para seus funcionários, ao se identificar somente com a Burger King, mas principalmente para o time Popeyes e seus investidores. O nome estava restringindo o potencial da organização.

A estratégia da operadora de restaurantes era muito mais ambiciosa do que a marca estampava. Trabalhamos profundamente na definição do propósito e chegamos ao seguinte resultado: "conectar as pessoas pelo sabor autêntico de cada comida". Definimos a personalidade dessa organização: curiosa, autêntica, ousada. Dali, foi possível chegar ao nome Zamp, que é derivado da palavra zampar: comer com grande apetite e vontade. Assim, uma marca que é corporativa sai com grande diferenciação e coerência, trazendo todo alinhamento de como esse negócio vai crescer e engajando o time todo para esse movimento de zampar.

O resultado desse rebranding foi muito positivo: em menos de dois anos de rebranding, a empresa ganhou reconhecimento do selo *Great Place to Work*, muito importante para uma marca empregadora, e se destacou como uma empresa da qual os investidores estão disputando ações e controle. Aqui podemos

---

62 Para saber mais sobre esse caso, acesse o endereço: https://www.anacouto.com.br/cases/zamp/. Acesso em: 29 out. 2023.

entender a força que uma marca corporativa bem estruturada pode ter no negócio. Afinal, stakeholders, assim como funcionários e investidores, são fundamentais nessa engrenagem, principalmente quando estão alinhados com a ambição da empresa.

O NEGÓCIO FAZ

Quando aprofundamos a dimensão de negócio, entendemos que é fundamental definir a proposta de valor do produto ou serviço que seja relevante para o cliente. Toda empresa tem que vender algo e despertar o desejo de comprar e fidelizar o consumidor. Trabalhando nessa dimensão, o modo como sua oferta pode criar experiências memoráveis é um grande ativo. Trata-se de uma esfera do trabalho de branding que busca, em linhas gerais, dar diretrizes acionáveis para que toda e qualquer experiência de uso ou compra tenha algo de único e memorável.

O caso da Starbucks é um grande exemplo de como a marca mais valiosa de restaurantes de café do mundo definiu o seu faz. A proposta de valor para o cliente – a de ser o *third place* – foi estrategicamente pensada desde o início do processo quando, em 1986, o CEO Howard D. Schultz começou a trajetória de pegar uma marca local de Seattle e transformá-la em um branding de alcance global. Para isso, ele concebeu a experiência da cafeteria e fez daquele lugar um espaço aconchegante para pessoas que gostariam de trabalhar e se encontrar. Um lugar no qual seria possível se sentir entre sua casa ou em seu escritório. Daí o conceito de terceiro lugar, o *third place*.

Ao comprar um café, o consumidor é chamado pelo nome: personalização que serviu de mote às campanhas a favor da diversidade nos Estados Unidos, em 2014, e no Reino Unido, em 2019, como mencionei no início deste livro. A máquina de café é a estrela do espaço. Toda a produção de cafés de diferentes regiões do mundo está na ambientação das lojas e na nomenclatura dos produtos. Além de essa atmosfera elevar a experiência do café, explora sabores e aromas do mundo todo. As lojas oferecem poltronas, mesas e, claro, wi-fi de graça para que o consumidor usufrua do tempo e do espaço. Assim, a Starbucks proporciona a uma comunidade de pessoas que não só curtem o café, mas que também gostam de trocar vivências, a experiência de serem vistas nesse lugar *cool*. É muito estratégica toda essa experiência de varejo, o que a torna única e proprietária, e o melhor: com rituais que não custam nada para implementar, como chamar o cliente pelo nome.

Uma evolução interessante no modelo de negócio foi a estratégia do programa de fidelidade,[63] que conseguiu o feito curioso de tornar o café um presente. Hoje, nos EUA, grande parte da receita da Starbucks vem desse modelo de venda que é super lucrativo, pois nem todos os presentes de café são consumidos. A dica aqui é pensar que toda experiência de consumo que sua organização proporciona pode virar proprietária e memorável e expandir sua receita. E, claro, o produto tem que ser bom, mas isso é básico para entrar no jogo!

A COMUNICAÇÃO FALA

Quando afirmamos que a marca fala, nos referimos à narrativa que a organização constrói para dar consistência ao processo de branding. Mas essa necessidade de consistência da narrativa nada tem a ver com padronização de discurso. A consistência indica a importância de estar sempre em diálogo com o contexto no qual a marca está inserida. Nessa troca, porém, o branding precisa escolher um ponto de vista, sob pena de a marca virar aquela que fala de tudo e não diz nada. Os famosos *greenwashing* e *diverse washing*.

---

63 Entenda melhor o impacto que o programa de fidelidade Starbucks Rewards, com quase 20 milhões de membros, gerou em todo o setor de varejo em: PEARSON, B. 12 ways Starbucks' loyalty program has impacted the retail industry. **Forbes**, 16 dez. 2020. Disponível em: https://www.forbes.com/sites/bryanpearson/2020/12/16/12-holiday-gifts-from-the-starbucks-card/?sh=7a987b4f4534. Acesso em: 1 out. 2023.

Uma narrativa inspiradora que podemos usar de exemplo é a da marca de uísque Johnnie Walker, que usa tagline *"Keep walking"*, uma mensagem que captura toda a atemporalidade da história da organização, ao mesmo tempo que se conecta muito com a necessidade humana de caminhar, de progredir. Uma das marcas mais reconhecidas e admiradas do mundo, a Johnnie Walker é sinônimo de prazer e sofisticação desde 1819, quando o então adolescente escocês John Walker perdeu o pai e teve que cuidar da pequena fazenda da família. A trajetória da marca mostra muito bem como seu branding evoluiu nesses duzentos anos de história. Essa família superempreendedora tinha a preocupação não só de colocar no mercado um produto com alto padrão de qualidade, mas também de estender sua oferta criando linhas de produtos. Foi criada, então, com uma nomenclatura supercoerente: Red Label, Black Label, Platinum Label...

Já com a preocupação de se diferenciar, isso em 1908, a marca do andarilho foi criada pelo cartunista Tom Browne, um logo que reflete a personalidade forte de um lorde vigoroso com seus passos largos e determinado a perseguir seus objetivos. A princípio, cheio de detalhes, o símbolo representa o luxo, a sofisticação e a impo-nência conquistada pela família Walker. O logo sofreu algumas simplificações ao longo do tempo para se adequar às novas mídias, mas manteve sua personalidade.

O cuidado em fazer a primeira garrafa quadrada, que hoje é grande propriedade da marca, não só a diferenciou como otimizou o espaço de gôndola. Por fim, como todo bom empreendedor sabe que crise é oportunidade, a marca aproveitou a Segunda Guerra Mundial para expandir sua atuação para mais de 190 países. Che-gou a ser mais popular do que a Coca-Cola. Em 2005, foi com-prada e passou para as mãos da Diageo, quando a campanha *Keep Walking* foi lançada. O sucesso dura até hoje, pois captura toda a narrativa da marca desde sua criação e se mantém muito alinhada ao contexto da busca do progresso da humanidade.

Podemos observar aqui a coerência do "é, faz e fala" guiando a evolução desse branding. Por essa razão, nos pautamos firmemente por essas diretrizes, que desempenham um papel crucial em todos os projetos que empreendemos. Isso também se aplicou ao nosso trabalho com a marca brasileira Ultragaz.

CASO ULTRAGAZ: COMO MANTER A ENERGIA DEPOIS DE OITENTA ANOS?

Em 2020, no auge do *lockdown*, fomos convidados a trabalhar no rebranding da Ultragaz.[64] Foi um trabalho estratégico que envolveu todo o time executivo sob a liderança do CEO. A empresa com mais de oitenta anos sempre teve uma trajetória de sucesso e inovação. Foi ela que implementou o bujão de gás no Brasil, trazendo esse serviço que facilitou a vida de milhões de brasileiros. A organização entendia que seu passado de sucesso havia sido importante, mas que tinha de abrir novos caminhos para o crescimento.

O ícone de sua marca era um entregador de botijão de gás, com o carinhoso apelido de "esforçadinho". Diferente do andarilho que acabamos de usar de exemplo, esse já não representava mais a organização. O "esforçadinho" simbolizava o árduo trabalho de distribuição de gás para milhões de lares, mas para o resto do serviço a granel para indústria e diferentes segmentos de negócios a marca não tinha nenhum significado. Foi nesse momento que a Ultragaz decidiu redefinir seu planejamento estratégico para conquistar o mercado de energia.

Com liderança em distribuição de GLP no Brasil, a Ultragaz precisava de uma evolução. Foi quando assumimos a tarefa de fazer seu rebranding. Esse projeto envolvia alguns desafios, entre os quais estava a necessidade de potencializar a marca, respeitando sua

---

64 Você pode encontrar a descrição desse caso no endereço: https://www.anacouto.com.br/cases/ultragaz/. Acesso em: 29 out. 2023.

trajetória, mas ressignificando sua proposta de valor. As metas eram aumentar a percepção de valor do seu serviço em todo o território brasileiro; organizar a oferta de produtos e serviços com o objetivo de criar maior sinergia e facilitar a comunicação com o consumidor; engajar os clientes no uso do serviço digital, aumentando também a inteligência de dados. Mas, principalmente, expandir a elasticidade da marca para atuar além do gás GLP, a fim de garantir diferenciação frente aos players do mercado. Desafios complexos, mas que, com estratégia, método e bastante disciplina, poderiam ser vencidos.

Todo o processo foi conduzido de maneira cocriativa com o time executivo da Ultragaz, discutindo e lapidando juntos a estratégia que adotaríamos dali em diante. Desde o início do diagnóstico, entendemos que a Ultragaz possui pontos de contato importantes a serem levados em conta: o botijão de cor azul, os caminhões, uniformes, a experiência das mais de cinco mil revendas, e mapear a jornada do cliente desde a visita ao site até o aplicativo de serviço digital. Para desenhar a estratégia, conversamos com executivos, clientes finais, clientes empresariais e revendedores, coletando o máximo de percepções possíveis.

Essa investigação feita por meio da pesquisa de Valometry – avaliação das ondas de valor sob a percepção dos consumidores – nos trouxe insights que embasaram os próximos passos. Ficou evidente, por exemplo, a importância das revendas como parceiras estratégicas, a força da sua capilaridade para construir a proximidade desejada com o consumidor final. Entendemos que todos os players estavam focados em uma comunicação de preço e descontos, e pouco falavam do propósito que o serviço tem para sociedade, como por exemplo, o GLP, que já é um gás que ajuda na transição energética.

Diante desse cenário, organizamos todo o portfólio de serviço, eliminando muitas submarcas de produtos que criavam ruído na comunicação, e organizamos as soluções em energia como o fio-condutor para expandir a oferta de gás para outras matrizes energéticas limpas. A empresa passou a oferecer também assinatura de energia elétrica, gás natural e biometano. Partindo do

COMO CRIAR VALOR NAS DIMENSÕES DO BRANDING • 147

planejamento estratégico e do propósito "Usar a nossa energia para mudar a vida das pessoas", construímos uma marca com personalidade moderna, humana e inovadora para a Ultragaz dar seu próximo passo: ampliar o foco do gás para a energia. Buscamos traduzir todos esses novos aspectos da narrativa para posicionamento, sintetizado na tagline "Somando energias".

A criação do novo visual da logomarca teve como principal objetivo somar atributos da nova personalidade. Com a tipografia empregando letras em caixa-baixa, conseguimos estabelecer uma relação de proximidade. As ondas que partem da letra G simbolizam a transição para a matriz energética e inspiram potência e fluidez, simultaneamente. A paleta de cor preserva a história da empresa, trazendo o azul como cor predominante, e novos tons de ciano e verde reforçam a ideia de sustentabilidade e novas energias. O formato da letra "U", por fim, busca fortalecer o nome Ultragaz e trazer mais presença no mundo digital.

Para dar vida a esse propósito, definimos os territórios de atuação que passariam a guiar toda a comunicação da Ultragaz. Foi assim que estabelecemos os principais diferenciais da empresa: uma marca brasileira e democrática, com inovação e escuta ativa para atender todas as demandas de energia dos clientes e parceiros, sempre com compromisso ambiental, social e de governança.

Dessa maneira, chegamos ao conceito da campanha "Vamos energizar", apresentando o novo momento do lançamento do rebranding da Ultragaz e convidando todos os públicos da marca para formarem uma "corrente de energia" da qual todos saem energizados, sem precisar dos "esforçadinhos". Para tangibilizar o conceito, a campanha trouxe personagens reais que vão de consumidores, revendedores e colaboradores até parceiros e fornecedores da Ultragaz, reforçando a amplitude do portfólio de soluções para suas casas e seus negócios.

Em ambos os casos, Johnnie Walker e Ultragaz, de segmentos e histórias tão distintas, foram adicionados ingredientes importantes para um resultado coerente do "é, faz e fala".

TAKE AWAYS – CAPÍTULO 6

- Mudar de direção toda hora não constrói nada.
- Seu propósito deve ser autêntico. Ser uma declaração do maior talento da organização, e geralmente está nos seus primórdios.
- Marcas são como pessoas, que precisam ser, fazer e falar.
- É fundamental definir atributos diferenciados para criar uma personalidade marcante.
- Toda marca precisa despertar o desejo de fidelização no consumidor.
- É fundamental dar diretrizes acionáveis para que toda e qualquer experiência de uso ou compra tenha algo de único e memorável.
- Uma narrativa que funciona é aquela que alinha a marca ao contexto, para se manter conectada com o consumidor e trazer resultado para o negócio.
- Trabalhe a partir do seu código genético, faça parte para ele crescer saudável e relevante.

Marcas são como pessoas que precisam ser, fazer e falar.

A (R)EVOLUÇÃO DO BRANDING

7

Gerir valor é surfar as ondas de produto, pessoas e propósito

Durante muitos anos, algumas perguntas dos clientes eram constantes: como eu sei que o trabalho de branding pode trazer resultado de negócio? Por que vou gastar tempo e dinheiro com esse processo? Para nós, a resposta era óbvia. Não entendíamos como uma empresa em ambiente tão hostil e com a demanda de ser cada dia mais ágil orquestraria sua marca, sua experiência com produtos e serviços e falar em tantos canais sem ferramentas que a ajudassem a navegar.

Para identificar os prós e contras de uma organização, criamos o *Branding Value Score* (BVS), uma métrica que foi concebida usando uma adaptação da técnica de cálculo do NPS (*Net Promoter Score*) plotada às Ondas de Valor. No caso do *Branding Brasil*, por exemplo, buscamos entender como é a saudabilidade do país a partir de três principais eixos:

Onda 1 – Produto: aqui avaliamos aspectos funcionais e racionais da relação com o Brasil, como o nível de conhecimento, seu custo-benefício e diferenciais em relação a outros países.

Onda 2 – Pessoas: aspectos emocionais da relação foram avaliados aqui. Ou seja, a identificação, a fidelidade e a conexão emocional com o país.

Onda 3 – Propósito: avaliamos a percepção da visão de mundo compartilhada pelos brasileiros, o impacto positivo do país na sociedade global e sua capacidade de mobilizar pessoas.

O BVS do país evidenciou que o Brasil não está indo bem nas Ondas de Valor, uma responsabilidade compartilhada por todos nós a partir de um diagnóstico que alerta para a necessidade de ação. Foi para ampliar esse tipo de compreensão e medir o impacto nas diversas áreas em que o branding atua e como ele influencia a percepção dos consumidores e não consumidores, que criamos a ferramenta do Valometry. Para ter um *dashboard* completo para o CMO e CEO, desenvolvemos esse método para gerir o trabalho, que chamamos Ondas de Valor.

Já explicamos que definir o código genético é crucial para alinhar as ações de marca, negócio e comunicação, mas entender qual é o impacto das ações nos ponteiros da organização é o próximo passo. Quando entramos no dia a dia e traduzimos isso na execução de campanhas ou serviços, queremos entender quais esforços têm impacto positivo ou negativo para o branding. Por isso, avaliar as Ondas de Valor, que a todo momento chegam para abalar nossas crenças e certezas, é colocar a mão no pulso do consumidor e acompanhar essa jornada. Como um radar que auxilia nas tomadas de decisão, elas ajudam a avaliar sistemática e continuamente a saúde do branding da organização. Bons desafios para organizações ambiciosas que querem não só sobreviver, mas crescer.

PRIMEIRA ONDA: PRODUTO

A primeira Onda de Valor é a de produto. Sabemos que o produto/serviço tem um peso muito grande nessa construção. Claro que se temos uma oferta mal avaliada, temos um problema. Quando o cliente aponta que o preço é caro ou barato, isso demonstra que algo na equação de valor está desalinhado com a expectativa. Se estamos comprando um carro, um Fiat, por exemplo, conhecer a marca já é um grande balizador. Se confio que é uma marca boa, e considerando que o preço condiz com a expectativa do consumidor, ela tem de gerar disposição para esse cliente pagar pelo produto (*willingness to pay*). Além disso, os diferenciais desse produto devem ser comunicados. No caso de um carro, por exemplo, é importante comunicar suas características únicas, como o fato de se tratar de um SUV, com um design moderno, flex, que polui menos etc. Enfim, a primeira onda deve ser positiva.

Quando analisamos a onda de produto, queremos entender o nível de conhecimento que as pessoas têm em relação à marca. O *awareness* ajuda nessa equação. Comprar um carro ou mesmo uma garrafa de água de uma marca desconhecida com certeza pode atrapalhar a decisão de compra.

Também avaliamos se o custo-benefício é alinhado com a expectativa da marca. Se eu for comprar uma bolsa, a marca já é determinante. Uma Prada já me coloca em um patamar de preço bem acima de outras. Seu diferencial, no fim das contas, é ser um produto exclusivo e de luxo. Não é para todos, mas para quem está disposto a gastar isso em uma bolsa de qualidade. Logo, essa primeira onda traz clareza.

Podem ocorrer algumas distorções quando focamos somente a primeira onda. Gastar uma fortuna em mídia para ser uma marca conhecida sem criar mais significados além do transacional pode ser uma bela armadilha. Vamos analisar o exemplo da Casas Bahia, que por muitos anos foi o maior anunciante em mídia do Brasil e com certeza é uma marca conhecida por todos os brasileiros. Sua comunicação focava uma oferta muito baseada em promoção e custo baixo, sem construir diferenciação e outros significados.

O foco excessivo no *hard sell* pode ter um preço alto: quando o anabolizante da mídia cessa, o valor residual desse investimento é muito pequeno na cabeça do consumidor. Temos muitos exemplos desse foco excessivo de preço e promoção, como a Ricardo Eletro. De um modo geral, quando você participa do jogo somente se baseando no preço do seu produto, certamente terá grandes dificuldades em evoluir nas ondas de valor.

SEGUNDA ONDA: PESSOAS

A onda de pessoas é o que nos permite ter uma compreensão da força dos relacionamentos. Se na primeira onda avaliamos a relação mais transacional com o consumidor, nesta avaliamos o papel e o significado que a marca desempenha na vida dos clientes. Nesse aspecto, precisamos entender como ela atende à necessidade emocional de combinar com o estilo de vida daquele consumidor, sempre reforçando sua personalidade.

Retomando o exemplo clássico, a Harley Davidson ilustra muito bem esse reconhecimento. Uma moto que, segundo dizem os especialistas, não é a melhor em termos de produto (vaza óleo do motor, faz um barulho tremendo etc.), mas que, no entanto, significa liberdade sobre duas rodas. A comunidade é tão forte a ponto de reconhecermos de longe as turmas de motoqueiros com estilo de roupa, cabelos e, claro, as motos. Muitos dessa tribo têm, inclusive, a marca tatuada na pele.

Estamos falando aqui da dimensão emocional que a comunicação precisa construir. Sabemos que a decisão de compra é comprovadamente emocional. Sentimos nossos desejos, anseios e valores refletidos na marca. Essa capacidade de gerar identificação genuína com as pessoas é um elemento fundamental para estabelecer uma conexão duradoura com o público. Quem não estiver indo bem na onda de pessoas pode perder espaço para um concorrente mais envolvente. Logo, não perca a chance de conquistar também o coração do seu consumidor.

Quando uma marca consegue se alinhar com os valores, as aspirações e o estilo de vida dos consumidores, ela transcende a mera transação comercial e se transforma em parte integrante da vida e da identidade do indivíduo. Essa identificação não apenas aumenta a lealdade do cliente, mas também cria uma base sólida para a construção de confiança e engajamento contínuo. Uma marca que ressoa com seu público não é apenas uma opção de compra, mas uma escolha consciente e emocionalmente carregada.

Também julgamos fundamental que todas as pessoas que fazem parte da empresa estejam comprometidas a reverberar essa cultura de inovação e evolução em suas atividades cotidianas. Ao nutrir essa atitude, acabamos criando uma comunidade de colaboradores que funciona como verdadeiro catalisador do progresso e como agente ativo da mudança, tal qual o caso de uma empresa do ramo da hotelaria com a qual contribuímos há pouco tempo.

A pousada que engaja as pessoas com o meio ambiente

A E-Brands é um bom exemplo de empresa-negócio que conseguiu engajar as pessoas com o seu propósito de preservação ambiental. Trata-se de um *hub* de sete marcas que oferece experiências que vão desde hospedagens em pousadas inteiramente conectadas com a natureza, até expedições de kitesurf pelo litoral do Nordeste brasileiro. Auxiliamos essa empresa a destravar o seu valor e a alcançar todo o seu potencial por meio da Laje, a plataforma de conteúdo e aprendizagem da agência Ana Couto. Através do curso Branding Aplicado, compartilhamos a nossa metodologia para que pequenos negócios ou ONGs aprendam a criar suas próprias estratégias.

Uma das marcas da E-Brands é a pousada Rancho do Peixe, no Ceará, que nasceu entre um grupo de esportistas apaixonados pelos ventos constantes e pela cultura da região nordestina. Priorizando a contratação e treinamento de mão de obra local, conseguiram engajar não só clientes, mas também os próprios funcionários com a sua visão de mundo. Em harmonia com o meio ambiente, proporcionam aos visitantes experiências únicas e memoráveis, baseadas na verdadeira simplicidade.

Desde então, aliando o conforto de uma boa hotelaria a uma arquitetura aberta e rústica, os sócios do Rancho do Peixe vêm conseguindo preservar uma área de mais de 67 mil metros quadrados à beira-mar, em que o diálogo com a natureza é a essência do negócio. Na jornada de trabalho na Laje, sugerimos a "vida simples" e a "preservação ambiental" como pilares da visão de mundo da empresa para criar, por fim, a tagline "Experiência tão leve quanto o vento".

Esse jeito simples de viver instiga os clientes a abraçarem a causa que a pousada defende, promovendo a conexão entre pessoas e natureza, além de criar um grande engajamento entre o público e a marca, com um *lifestyle* bem definido. Nessa trajetória, encontramos não só uma proposta de sustentabilidade integrada, mas também a valorização da cultura brasileira, em especial a do Nordeste do país.

TERCEIRA ONDA: PROPÓSITO

Quando analisamos o que qualifica uma organização a ter boa performance na onda de propósito, procuramos por ingredientes que possam ser válidos e precisos para marcas de diferentes idades, mas principalmente para as iniciantes. Definir o propósito já na formação do seu negócio pode ser um grande acelerador.

Podemos usar como exemplo a XP, que nasceu com o propósito de democratizar o mercado de investimentos no Brasil. Sua trajetória, desde o início pautada nessa visão, construiu um ecossistema forte de marcas e serviços, como "InfoMoney" e "Expert XP". Tivemos a oportunidade de criar a marca corporativa XP INC,[65] que foi definida para representar todos os negócios do portfólio e abrir o capital da empresa, cujo IPO foi feito pela Nasdaq em 2019, obtendo com a ajuda do branding o mérito de ser a nona maior do mundo.

Se pensarmos em marcas globais que surgiram há menos de vinte anos com essa visão já bem cristalizada, vimos novos modelos de negócio como empresas sociais. Não são ONGs que precisam sempre da boa vontade dos filantropos. Nem empresas que ficam presas no *hardsell* de venda. São empresas como a Warby Parker, que surgiu em 2010, e que traz uma nova proposta de valor baseada na estratégia "compre um, doe um". Para cada par de óculos comprados, outro seria doado para alguma pessoa necessitada no mundo. Estimou-se que mais de 1 bilhão de pessoas no planeta precisam de óculos e não conseguem comprar. Ao mesmo tempo, comprar óculos com belo design por um preço acessível também era uma demanda que não estava sendo bem atendida.

Assim nasceu essa empresa cuja visão de mundo trouxe destaque em um mercado totalmente controlado por grandes players. Me lembro de estar andando pelas ruas de Nova York e vendo uma fila imensa de pessoas esperando para entrar em algum lugar. Quando me aproximei do tumulto, curiosa, achando que era um vernissage de uma galeria qualquer do Soho, me deparo com a fila para entrar na loja da Warby Parker. *Uau, que mágica havia ali?* Fui pesquisar e entender o *buzz* em torno daquela loja que, no fim das contas, estava

---

65 Você pode ver esse caso no endereço: https://www.anacouto.com.br/cases/xp-inc/. Acesso em: 29 out. 2023.

vendendo óculos. A empresa cresceu enormemente com vendas on-line e com lojas físicas, e hoje sua marca vale mais de 1 bilhão de dólares, e até 2020 já havia distribuído mais de 10 milhões de pares a pessoas que não tinham acesso a óculos de grau.

O caso da Warby Parker representa muito bem as três Ondas de Valor. Quando falamos de produto, temos óculos com excelente design que pode ser comprado on-line ou em lojas com ótimo custo-benefício. Quando analisamos a identificação que essa proposta de valor gera nas pessoas, notamos que a empresa conseguiu ter uma marca que representa muito além de status, pois está atenta à individualidade do consumidor que gosta de usar uma peça com design *cool*. E fala também de um consumidor consciente de que seu ato de compra tem um impacto positivo na vida de outras pessoas. E, claro, a onda de propósito engaja profissionais e ONGs no mundo todo, mobilizando um ecossistema alinhado com a ideia de que todos têm direito de enxergar o mundo em que habitam. Podem chamar isso de marketing, mas eu chamo de branding gerindo valor nas ondas de produto, pessoas e propósito.

Temos exemplos muito recentes de organizações que estão entendendo o poder de surfar bem a onda de propósito. Mas temos, claro, organizações que evoluem e procuram entender que as premissas de construção de valor mudaram. No livro *Reimagining capitalism in a world in fire*[66] – um dos meus livros de cabeceira escrito pela mestra Rebecca Henderson, de Harvard –, conhecemos o caso da marca Lipton, uma das mais valiosas da Unilever. O livro aborda todos os aspectos que precisamos mudar para que o capitalismo continue como uma força de geração de valor e não consuma todos os recursos do planeta, afinal, não temos plano B, ou melhor, planeta B.

O caso da Unilever passa por um problema de posicionamento da marca Lipton, que estava se perdendo em um mar de ofertas nas gôndolas de supermercados ingleses. Muitas ofertas sem

---

66 HENDERSON, R. **Reimagining capitalism in a world in fire.** New York: PublicAffairs, 2020.

diferenciação, preços lá embaixo e cada vez mais o chá se tornando um *commodity*. Como resolver o problema? *Greenwashing* nunca foi uma atitude da empresa. Então, para poder melhorar a oferta, a Unilever se viu envolvida com a causa. Os produtores de chá na África e na Índia, bastante mal remunerados, faziam o mínimo de investimento, pois não recebiam qualquer atenção ou recurso nesse modelo extrativista. A Unilever fez, então, uma série de ações para certificar, treinar, educar e remunerar esses produtores, garantindo que esse selo de produção tivesse de fato um impacto positivo.

Feita toda essa revisão da cadeia produtiva para uma visão de ecossistema, surgiu um diferencial relevante para o inglês que compra o chá Lipton: a marca passou a comunicar de maneira explícita que era sustentável e, portanto, um produto melhor. Assim, ela voltou a ser uma marca de maior valor agregado, inclusive cobrando mais e figurando como a mais valiosa do portfólio da Unilever, cujo propósito é: "Fazer a vida sustentável ser para todos".

A Unilever tem 127 mil funcionários trabalhando em 190 países, contando com quatrocentas marcas alinhadas a esse propósito. Isso mostra que é preciso entender constantemente quais são as alavancas de valor do seu negócio. O que estamos aprendendo na visão das Ondas de Valor é que performando bem nelas, as organizações têm mais chance de se diferenciar, criando uma relação mais fiel com o consumidor para engajá-lo em uma mudança de atitude mais consciente de seu impacto no ecossistema do qual participa.

Na busca por refletir o propósito de uma empresa em todo o ecossistema do qual participa, uma marca brasileira de ovos nos fornece outro ótimo exemplo.

MANTIQUEIRA BRASIL: O DESAFIO DE CRIAR DIFERENÇA NO MUNDO DOS OVOS

É uma alegria quando surgem desafios de segmentos que até então estavam subjugados a *commodities*. Até porque partimos do princípio de que tudo pode ser visto como uma *commodity*: água, petróleo, ovo, energia e até uma camiseta sem referência de marca. Ou seja, naquele momento, ela é somente uma oferta transacional sem qualquer valor percebido. É aí que entra o branding.

A Mantiqueira Brasil, cliente com que trabalhamos nos últimos anos, também tinha esse desafio. Seu fundador Leandro Pinto, empreendedor com tino único para negócios, construiu a empresa líder em produção de ovos da América do Sul junto com seu sócio Carlos Cunha. Um feito enorme. Mas a empresa podia mais. Essa necessidade instintiva de evoluir fez com que Leandro abrisse os olhos para o branding. Com uma verdade enorme e autenticidade de um líder nato, me confessou logo no primeiro encontro: "Ana, eu não falo inglês, estudei até a oitava série e o discurso de vocês tem muitos conceitos complexos". Sim, é verdade, mas fazemos um esforço consciente de facilitar essa conversa. Não queremos que o branding seja algo filosófico, complexo e americanizado. Leandro é um exemplo de empreendedor brasileiro que construiu seu império sem deixar valor sobre a mesa.

Com a valiosa ajuda ao longo de todo processo do nosso então conselheiro e também consultor da Mantiqueira, Márcio Utsch, o desafio era organizar a marca corporativa representada pelos Ovos Mantiqueira, entendendo as novas demandas do mercado consumidor de comer ovos mais saudáveis e prezar pelo bem-estar animal. Ao analisar toda a oferta de produtos e marcas disponíveis no mercado, partimos para a criação de uma marca corporativa nova que representasse uma gama maior delas. Mudamos o nome para Mantiqueira Brasil,[67] a nova marca empregadora também precisava representar um portfólio maior de marcas de ovos para seus clientes varejistas. Reorganizamos o portfólio da marca trazendo a Happy Eggs,[68] que até então era somente uma submarca de Ovos

---

[67] Para entender melhor como desenvolvemos esse caso, acesse: https://www.anacouto.com.br/cases/mantiqueira-brasil/. Acesso em: 29 out. 2023.

[68] A descrição completa desse caso você encontra no endereço: https://www.anacouto.com.br/cases/happy-eggs/. Acesso em: 29 out. 2023.

Mantiqueira, para um protagonismo maior de marca estratégica que passa a ser o foco no crescimento do negócio de galinhas livres.

Fizemos todo trabalho de rebranding na Happy Eggs construindo o "é, faz e fala" de uma marca que tem uma promessa mais sustentável baseada no propósito de ser "livre, leve e ovo". Os atributos de personalidade da marca foram inspirados no arquétipo do bobo da corte, com sua maneira cativante e engraçada de ser. E uma tagline que responde a tudo isso: "Maravilhoooovo!" Assim, trabalhamos com o mesmo intuito em todas as embalagens, materiais de ponto de venda e campanhas de comunicação diferenciadas e memoráveis. E, claro, sempre surfando bem as Ondas de Valor: produtos orgânicos de galinhas livres, representados por uma marca que gera conversa e identificação com pessoas que valorizam um estilo de vida mais sustentável com respeito ao bem-estar animal.

É importante lembrar que para fazer gestão de valor pelas ondas é preciso mudar o mindset de todas as pessoas envolvidas e continuar evoluindo. E a inovação é o melhor combustível para esse crescimento coerente.

A INOVAÇÃO NÃO É UMA ESCOLHA E PRECISA SER PERSEGUIDA

Ao longo de nossa trajetória de colaboração com diversas marcas, percebemos que muitas vezes o que trava o valor de uma empresa é justamente o mindset dos colaboradores. Por isso percebemos a necessidade de acelerar o processo de criação de valor por meio da inovação, que trabalha para entender a cultura da organização e construir um ambiente seguro para que todos possam pensar em como evoluir juntos. Foi-se o tempo em que inovação ficava restrita à área de R&D (*Research & Development*). Hoje, a inovação deve ser o mantra de qualquer empresa e de qualquer profissional, a maneira de trabalhar precisa dar espaço para pensar em como fazer melhor, testar, errar e aprender.

Entendemos que o profissional do século XXI precisa ser um solucionador de problemas. E foi pensando nisso que incluímos essa área para poder avaliar como a cultura da organização pode ajudar na execução do branding. Não basta que a transformação se dê em determinadas áreas de uma empresa e não aconteça em outras. É preciso disseminar a Plataforma de Branding – o código genético de como queremos ser percebidos – para que todos possam auxiliar na entrega dessa promessa e fechar seu *gap* de percepção.

Existem níveis diferentes de inovação que podem ser absolutamente disruptivos em grandes segmentos – como o Airbnb foi para o mercado hoteleiro, ou o Spotify para a indústria da música –, ou podemos ter inovações que parecem pequenas, mas que resolvem uma "dor do consumidor". Foi como o Nubank entrou no mercado. Pequeno e competindo com grandes bancos, resolveu problemas como o da perda de controle nas compras de cartão e do atendimento indiferente e burocrático dos grandes bancos. Uma inovação incremental em um mercado já mais populoso, que permitiu ao Nubank competir seriamente no mercado financeiro.

A mentalidade enraizada em muitas organizações e a maneira de trabalho antiga ancorada no comando e controle sem espaço para erros reforçam uma cultura perigosa de que inovação é para poucos. Mudança de cultura é sempre muito forte no processo de branding. Como costumamos dizer aos nossos clientes, branding não é uma mudança de marca, é o marco de uma mudança.

A busca pela inovação deve ser um imperativo contínuo, uma jornada incansável de superação dos limites convencionais. É importante lembrar, porém, que a inovação não se trata meramente de lançar novos produtos ao mercado, ela abrange a criação de soluções disruptivas, a reimaginação de processos, a introdução de conceitos pioneiros e a constante evolução para atender às mudanças nas demandas dos consumidores. No mundo contemporâneo, a inovação é a força motriz que mantém uma marca relevante e atualizada, mesmo em um ambiente de rápida mutação.

TAKE AWAYS – CAPÍTULO 7

- Cada uma das ondas representa um estágio que se mostra vital na jornada de criação de valor.
- A busca pela inovação deve ser um imperativo contínuo, pois ela é a força motriz que mantém uma marca relevante e atualizada, mesmo em um ambiente de rápida mutação.
- Cidades e países também podem empregar técnicas de branding para elevar seu valor percebido.
- Toda decisão de compra é comprovadamente emocional: não perca a chance de conquistar também o coração do seu consumidor.
- Quando uma marca consegue se alinhar com os valores, aspirações e estilo de vida de seus consumidores, ela se torna parte integrante da vida e da identidade do indivíduo.
- É fundamental refletir sobre a visão de mundo da marca e saber comunicar esse ponto de vista e o impacto positivo que essas ações podem gerar nas pessoas e no próprio mundo.
- Atualmente, um branding forte é um ativo inestimável que pode definir o sucesso a longo prazo de uma organização.
- O sucesso de uma organização corresponde ao valor que ela dá às estratégias.
- Inovação deve permear a cultura da organização.

Branding não é uma mudança de marca, é o marco de uma mudança.

A (R)EVOLUÇÃO DO BRANDING

Epílogo: Vai e faz

O Brasil é um país gigante não apenas em território, mas também em potencialidades. Essa consciência das enormes oportunidades que temos aqui foi reforçada pela pesquisa Branding Brasil. Porém, para atingirmos esse potencial, precisamos aprender a olhar de outra maneira para o que está ao nosso redor: treinar o olhar com disciplina, usando os aprendizados do branding.

Com toda a imensidão e complexidade desse país, a Amazônia é um bom parâmetro. No século XXI, é "difícil imaginar uma herança mais rica", como diz o escritor e cineasta João Moreira Salles em *Arrabalde*,[69] seu livro sobre a região. Essa valorização depende, claro, de um novo olhar capaz de reconhecer a nossa verdadeira riqueza. Por exemplo, ao entrevistar pessoas que saíram de outros estados com o intuito de "povoar" a Amazônia, com o suposto objetivo de "trazer o progresso", um depoimento comum chamou a atenção de Salles: "Quando cheguei aqui não havia nada". Nada: suas visões antiquadas não os permitiam ver a riqueza incalculável da maior floresta do mundo, com sua diversidade de fauna, flora e a presença dos povos originários do planeta.

Acredito fortemente que, para gerar valor para o Brasil e, como consequência, para todos os brasileiros, é preciso mudar nosso olhar para não desqualificar todo o nosso potencial. Ter um país festeiro, alegre, acolhedor e trabalhador pode ser um grande diferencial. Em um mundo em que a solidão é um problema crônico, como evidenciou o estudo de Noreena Hertz em seu livro *The lonely century*,[70] nossa brasilidade é uma vantagem competitiva.

Não podemos subestimar também a importância das organizações para a evolução do Brasil; afinal, elas são o motor da economia, gerando emprego e renda. As lideranças executivas brasileiras devem estar alinhadas à necessidade de se comprometerem com

---

69 SALLES, J. M. **Arrabalde**: em busca da Amazônia. São Paulo: Companhia das Letras, 2022, p. 19.

70 HERTZ, N. **The lonely century**: how to restore human connection in a world that's pulling apart. New York: Crown Currency, 2021.

o novo capitalismo, mais consciente dos compromissos com as premissas do selo ESG.

Para o sucesso das organizações brasileiras, adotar uma mentalidade "ganha-ganha" que atenda às necessidades de colaboradores, parceiros, fornecedores e comunidades locais é o caminho para estabelecer relações fiéis e duradouras. Assim, acabamos fortalecendo laços e criando oportunidades de expansão e crescimento para os negócios, além de impedir que as empresas caiam em falsos dilemas, escolhendo entre coisas que não são autoexcludentes.

A construção de valor é uma jornada contínua e dinâmica para evoluir as organizações. Portanto, desenvolver a estratégia que alinhe sua marca, seu negócio e sua comunicação prepara melhor para competir no inevitável mundo VUCA. Escolha os indicadores corretos para acompanhar o crescimento real, reflita como seu modelo de negócio está acompanhado as demandas do seu cliente e nunca esqueça que a rentabilidade da sua empresa é seu oxigênio.

Quando disseminada de maneira alinhada e ágil, a cultura da corporação é um propulsor do crescimento. Afinal, queremos ter um time com autonomia e responsabilidade. Use o propósito como um mantra para que todos saibam por que trabalham na organização. Lembra de quando contei da visita que John Kennedy fez à Nasa, e a funcionária respondeu que estava levando o homem à Lua?[71] Isso mostra que engajar seu time para um objetivo maior torna a sua empresa única e, quem sabe, imprescindível.

Esteja atento também à consistência da sua comunicação em todos os pontos de contato da marca. Cada interação deve reforçar a sua personalidade. Adote um ponto de vista claro para transmitir sua proposta de valor ao cliente, assim o diálogo com o contexto

---

71 COMO grandes líderes tornam o trabalho significativo. **Negociarte**, 21 out. 2017. Disponível em: https://negociarte.com.br/2017/10/21/como-grandes-lideres-tornam-o-trabalho-significativo/. Acesso em: 16 out. 2023.

é construtivo e evita abordar uma infinidade de temas sem transmitir uma mensagem autêntica.

Para testar seu sucesso nesse ponto, desafie-se a avaliar se é possível o consumidor reconhecer a presença da sua marca em materiais de comunicação mesmo sem a presença do logo. Essa é a verdadeira medida da sua força. Um exemplo recente de sucesso nesse sentido aconteceu com o branding da Barbie[72] e o lançamento do novo filme da franquia: os cartazes de lançamento adotavam apenas um fundo cor-de-rosa com um pequeno texto acompanhando a tipografia da marca: "*July 23*". E sabe qual foi o resultado? A identificação instantânea da mensagem. Todos entenderam que ela informava a data de estreia do filme da Barbie.

Esse sucesso estrondoso não aconteceu da noite para o dia. Na verdade, é a consequência de uma trajetória bastante sólida na qual o branding desempenhou um papel fundamental dando consistência ao "mundo cor-de-rosa da Barbie".

Criada na década de 1950 nos EUA, a boneca respondia à necessidade de uma mãe de querer criar sua filha para não ser somente mãe. A empresária Ruth Handler criou a primeira boneca adulta para brincar com crianças. Com essa visão, fez uma série de Barbies exercendo diferentes profissões, até a candidata à presidência americana. Depois evoluiu seu padrão de beleza com maior diversidade de corpos, mas sempre fiel à narrativa de empoderamento feminino. Em 1997, foi a vez de a marca se tornar mais inclusiva, lançando a boneca em cadeira de rodas.

De lá para cá, a marca evoluiu com os novos tempos, lançou-se em novas plataformas e manteve-se nas prateleiras. No entanto, há muito não causava o impacto promovido pelo filme. Vale pontuar que, nos últimos anos, a Barbie também foi associada a movimentos políticos (você se lembra dos memes da Barbie fascista?) e a padrões

---

72 BARBIE: o que fica depois do hype. **Agência Ana Couto**. Disponível em: https://conteudo.anacouto.com.br/paper-barbie. Acesso em: 5 set. 2023.

e hábitos ainda considerados retrógrados, reforçando padrões de beleza, principalmente para as novas gerações. Nesse contexto, a superprodução tornou-se ainda mais estratégica para a marca.

O filme da Barbie reuniu 1,2 milhão de brasileiros somente na estreia, arrecadando 22,7 milhões de reais aqui no país e 356,3 milhões de dólares globalmente.[73] Encantados e curiosos sobre os reais efeitos desse hit, nos perguntamos: qual foi o impacto do filme para a construção de valor do branding Barbie? Para além da comoção social, a marca conseguiu rejuvenescer e ressignificar a sua comunicação para os novos tempos? Qual é o real saldo de todo esse investimento?

Essas dúvidas servem para Barbie, mas poderiam ser dúvidas de qualquer gestor sobre seus próprios desafios de branding. Para analisar profundamente e encontrar insights relevantes sobre o impacto do filme no ponteiro do negócio, fizemos uma pesquisa sobre o tema a partir do Valometry. Entrevistamos 700 pessoas de todo o Brasil, incluindo cotas proporcionais para gênero, faixa etária, região e classe social.

Logo de cara, notamos um feito surpreendente: 92% das pessoas que assistiram ao longa-metragem saíram satisfeitas da sala de cinema. Um percentual muito alto, independentemente do gênero, idade ou classe social. Esse êxito do filme acabou se estendendo também à própria recepção da marca: 67% das pessoas que já viram o filme relataram uma mudança positiva na mensagem do branding. Quando olhamos para o BVS, a nossa métrica proprietária e mais relevante para a análise, vemos que a marca pontua em 55 para o público geral, mas sua performance é ainda melhor entre o público que de fato assistiu ao filme: 83 para as mulheres e 70 para os homens.

---

73 FILME da Barbie tem 2º maior público em dia de estreia no Brasil; arrecadação chega a quase R$ 23 milhões. **CNN Brasil**, 21 jul. 2023. Disponível em: https://www.cnnbrasil.com.br/economia/filme-da-barbie-tem-2o-maior-publico-em-dia-de-estreia-no-brasil-arrecadacao-chega-a-quase-r-23-milhoes/. Acesso em: 25 out. 2023.

A pesquisa também revelou que, mesmo antes de o filme ser lançado, havia um alto percentual de Barbies na casa dos entrevistados: 73% das mulheres que participaram da nossa pesquisa tiveram as bonecas na infância. No entanto, constatamos que as pessoas que se identificam com a marca têm um perfil definido. Quase 70% das mulheres afirmaram que a Barbie era a diversão preferida ou que brincavam com frequência na infância. Entre elas, as classes sociais A, B e C são predominantes (64%), enquanto 36% das classes D e E nunca brincaram com uma Barbie na vida.

Isso mostra que, apesar de Barbie ser um sucesso inquestionável há décadas, a conexão emocional estava restrita às mulheres das classes A e B. Era preciso expandir o público, atualizando a narrativa da marca para alcançar todas as classes sociais, gêneros e faixas etárias. Fomos a fundo nessa investigação e entendemos que, sim, valeu o hype: após o filme, houve uma expansão para públicos de todas as idades. 58% do público de 18 a 24 anos se mostrou mais inclinado a consumir os produtos da marca, assim como 74% do público de 30 a 39 anos, o que mostra que a marca alcançou uma nova fatia do mercado sem perder a fidelização do seu público principal.

Além disso, e talvez de maneira ainda mais surpreendente, 80% dos homens também se mostraram mais inclinados a comprar produtos Barbie. Por fim, o filme também se mostrou um sucesso democrático: todos amaram. 98% do público da classe A mostrou-se satisfeito, assim como 91% das classes D e E – grupos que não tinham uma conexão tão forte com a marca.

Podemos tirar algumas lições desse caso, como a importância de construir ativos que sejam únicos para a marca, tais como a cor, o design e até as embalagens utilizadas nas salas de cinema para serem "instagramáveis". Isso foi fundamental para o sucesso do filme. O que percebemos foi um resgate às suas origens, do seu propósito, uma história totalmente proprietária, com elementos únicos, que fizeram parte da sua construção. Este é um grande aprendizado: entender que, quando se trata de gestão de valor, tudo faz parte de um processo de construção, e que tudo, a partir de um olhar consciente, é uma oportunidade para evoluir absorvendo o contexto.

O filme foi um grande acerto, mas podemos considerar que toda marca é uma obra em andamento. A energia criativa existe na jornada do fazer, não no ato de concluir. Cada campanha, lançamento, ação é mais um capítulo de uma mesma história. Entenda que, nessa dinâmica, o método e as ferramentas desempenham papéis essenciais não apenas para guiar as ações, mas também para manter a consistência ao longo do tempo — algo fundamental para fortalecer a percepção de valor entre todos os stakeholders. Evitar mudanças constantes de direção é outra chave.

Muito se fala sobre como construir marcas fortes. Uma marca valiosa vai muito além de elementos visuais ou verbais. Nem toda empresa forte tem uma marca à altura. Nem toda marca forte sobrevive a um negócio ruim. Ter uma performance melhor que a dos seus concorrentes e ter a preferência dos consumidores, mesmo cobrando um pouco a mais por seus produtos e serviços, é importante. As melhores marcas moldam a cultura, viram objeto de admiração e respeito.

Compreendemos que o branding é uma composição plural, assim como qualquer indivíduo que durante a sua vida precisa ser, fazer e falar. Portanto, você precisa ter bem claro que tudo isso não se limita apenas a uma marca, um produto ou uma campanha isoladamente. Na realidade, a orquestração desses elementos ao longo do tempo e das ações é o que vai definir um branding verdadeiramente marcante.

Como venho argumentando ao longo dos últimos capítulos, as marcas mais icônicas do mundo constroem muito valor. E temos um caso oposto ao que acabamos de avaliar, a mudança de nome da marca do Twitter, com logo, identidade visual, verbal, posicionamento e experiência que potencializam a narrativa *"What's happening now?"* no mundo todo. Desde seu surgimento em 2006, o Twitter evoluiu de uma simples plataforma de mensagens curtas para se tornar muito mais do que uma rede social.

O que começou como um lugar para compartilhar pensamentos e atualizações breves de notícias, logo se transformou em um espelho da sociedade contemporânea, moldando a maneira como nos comunicamos, influenciando eventos globais e tornando-se parte do tecido social. Mas e quando o nome Twitter vira um X genérico? O que acontece quando se mexe radicalmente no branding assim, rompendo com todo o histórico da marca? Foi estimado que essa mudança jogou fora 20 bilhões de dólares em valor de marca.[74]

As quatro principais qualidades das marcas icônicas se aplicam ao Twitter:

1. **Diferenciada**: tem cor, símbolo e nome que a identificam na categoria.

2. **Proprietária**: possui uma linguagem única: *tweet*, *threads* e até 280 caracteres e um pássaro como logo. *Hashtag #*.

3. **Relevante**: promove o senso da comunidade de *tweeteiros*, como cenário para debates e tópicos que estão em alta.

4. **Consistente**: é fiel a uma plataforma com códigos e experiência bem definidos.

No entanto, desde a compra da empresa por Elon Musk, em 2022, a marca vem passando por grandes modificações na plataforma. Movida pela ambição de criar um superapp e representar a migração completa para um novo modelo de negócio, que deve passar a oferecer serviços financeiros, e-commerce e outras transações, a marca sofreu um rompimento.

Neste ano, além da mudança de nome, o icônico passarinho deu lugar ao X genérico, sem grandes explicações ou mudanças na experiência do usuário. Da mesma maneira, a comunicação em torno dessa mudança não ficou clara para o público (um dos

---

74 COUNTS, A.; LEVINE, J. Mudança em nome do Twitter apaga até US$ 20 bi em valor de marca, dizem especialistas. **Bloomberg Línea**. Disponível em: https://www.bloomberglinea.com.br/negocios/mudanca-em-nome-do-twitter-apaga-ate-us-20-bi-em-valor-de-marca-dizem-especialistas/. Acesso em: 31 out. 2023.

pontos mais críticos quando o assunto é relançamento de marca). Não há como não apontar falhas e riscos em todo esse processo, que está sendo feito sem levar em consideração todos os *equities* e valor que o Twitter gerou ao longo dos anos.

Toda marca precisa evoluir em algum momento, isso é certo. A questão é entender como fazer isso de uma maneira estratégica, entendendo quais são suas forças e fraquezas. Uma aquisição liderada sem cuidado pode levar a um posicionamento confuso, perda de valor, crises de gestão e demissão em massa, além de conflitos na cultura corporativa, entre tantas outras consequências.

Vejamos no âmbito do Brasil o caso da Brastemp,[75] uma das nossas marcas mais históricas que nasceu em 1954 e foi comprada pela global de eletrodomésticos Whirlpool em 2000. Com sua comunicação, construiu uma identidade e liderança de maneira pioneira: "Brastemp: não tem comparação" e "Não é assim uma Brastemp..." marcaram o imaginário de milhares de brasileiros. Foi a primeira marca a produzir eletrodomésticos nacionais, a primeira que saiu do lugar funcional de atributos técnicos para se tornar objeto de desejo. Se destacou dos concorrentes e ganhou o coração dos consumidores. Faz parte da casa e das relações das pessoas, e há muitos anos está na liderança do mercado.

Mas o setor de eletrodomésticos se transformou. Em uma evolução impulsionada pelo avanço tecnológico, concorrentes de peso começaram a se multiplicar e ganhar destaque. Nesse contexto, a Brastemp diminuiu sua presença na comunicação e acabou perdendo espaço e atributos de marca, se distanciando dos seus públicos. A boa notícia: não há marca que tenha conquistado mais o coração dos brasileiros como ela fez ao longo de tantas décadas. Por isso, o desafio era resgatar o que a tornou tão icônica em seus sessenta anos, conectar a marca com o contexto em que vivemos e reaproximá-la das pessoas.

---

75 Esse caso está disponível em: https://www.anacouto.com.br/cases/brastemp/. Acesso em: 29 out. 2023.

Quando recebemos esse desafio na agência, e após investigação, entendemos que Brastemp é uma marca que transforma. Com grandes lançamentos de produto, trouxe inovações que fizeram história e que realmente mudaram a vida do consumidor: a primeira geladeira com aproveitamento de espaço na porta; a primeira lava-louças do mercado brasileiro, a primeira *frost free* e a primeira geladeira com três compartimentos. Mais do que colocar tecnologia de ponta em tudo o que faz, a Brastemp tem a ver com inaugurar atitudes que viram a mesa e provocar a rotina para ela não se acomodar. Assim veio o nosso insight: "Brastemp é a marca na qual o produto traz a conversa, muda comportamento e estilo de vida".

Assumimos o que foi proposto pelo cliente e pela agência, que era "mudar na casa para mudar o seu mundo", com o objetivo de inspirar lares brasileiros a vivenciar as mudanças que o mundo de hoje tanto precisa: nas relações, nas dinâmicas da casa, no nosso entorno, no planeta. Entendemos que quando a Brastemp muda a vida da porta para dentro, uma mudança começa da porta para fora. A partir de uma personalidade ousada, espirituosa, autêntica e questionadora, Brastemp fala com o seu tempo e com os brasileiros por toda a intimidade que construiu ao longo dos anos. Elevamos ainda a "experiência Brastemp" com produtos de design atemporal e exclusivos, que trazem soluções e tecnologias que subvertem e transformam a relação das pessoas com a casa. Brastemp dá orgulho de ter, mostrar e usar.

Toda a proposta de valor e o posicionamento se materializaram na tagline que criamos: "Brastemp. É outro mundo", um conceito que atualiza a narrativa da marca, reforça a imagem de qualidade superior e as inovações que mudaram a vida das pessoas. Além da conexão com a mudança de comportamento e a abertura para conversas atuais com o público jovem, em um mundo que já é outro.

Acredito fortemente no potencial das marcas que, aliadas ao potencial do próprio Brasil, fazem a mágica acontecer. Mas para explorar toda essa potencialidade, é preciso valorizar as nossas empresas. O branding pode nos servir de guia na transformação da realidade que acaba afetando a todos os brasileiros. A partir do momento em que conseguimos destravar o valor intrínseco que a brasilidade nos confere, com todas as suas matizes e riqueza cultural, trabalhando com disciplina e foco, estaremos aptos a dar o próximo passo no sentido de nos tornar uma nação rica em oportunidades e, por que não, em marcas indispensáveis.

Não posso deixar de enfatizar a importância de cada indivíduo nesse processo. Cada um de nós tem o papel de contribuir para a construção de um Brasil mais forte e mais próspero. A responsabilidade é individual, mas o bom trabalho é fruto do talento coletivo. Seja como empreendedor, profissional, estudante ou cidadão, todos desempenhamos um papel vital. Espero que esta jornada tenha inspirado não apenas reflexão, mas também ação. O futuro não é mais o amanhã. Nosso futuro é o hoje, e ele depende da visão de longo prazo que vamos construir com disciplina, diálogo e ação, reconhecendo nossos avanços e valorizando nossas potencialidades para evoluir sempre.

As melhores
marcas moldam
a cultura,
viram objeto
de admiração
e respeito.

A (R)EVOLUÇÃO DO BRANDING

Sobre a autora

Ana Couto é designer formada pela PUC-Rio, concluiu o mestrado em Visual Communication no Pratt Institute, em Nova York, com outstanding merit. Especializou-se em Branding na Kellogg School of Management em 2008 e, em 2015, formou-se no curso OPM (Owner/President Management Program), em Harvard.

Fundou a agência Ana Couto em 1993 com a proposta de trabalhar o design como ferramenta para construir marcas fortes. Desde então, expandiu a oferta da agência para um serviço integrado, que vai da estratégia de marca à propaganda.

É referência em branding no Brasil e constrói, há mais de trinta anos, para clientes como Vale, Coca-Cola, Fiat, Caixa Seguradora, Youse, Itaú-Unibanco, P&G, Rio Galeão, Havaianas, Natura, Ultragaz, Cosan, Raizen, Vinci Partners, Brastemp, Hapvida entre outros.

A autora conta com publicações internacionais em livros especializados, e seu reconhecimento é refletido em inúmeros prêmios como Wave Festival; IDEA Brasil, Brasil Design Award, LADAWARDS; 13ª Bienal Brasileira de Design Gráfico; Profissional do Ano de Comunicação – Design, pela Associação Brasileira de Propaganda, Hall da Fama de Clube de Criação 2023, entre outros. Também é jurada em diversas premiações internacionais como Festival de Publicidade de Cannes, D&AD Awards e ADC Annual Awards.

SITE: ANACOUTO.COM.BR
INSTAGRAM: ANAGCOUTO
LINKEDIN: ANA COUTO